Barbara Bartos-Höppner

Mit Schnüpperle durchs ganze Jahr

Geschichten • Spiele • Rätsel • Basteleien

Mit Illustrationen
von Julia Wittkamp

Herausgegeben
von Bertrun Jeitner-Hartmann

Bassermann

ISBN 3 8094 1417 4

© 2003 by Bassermann Verlag, einem Unternehmen der Verlagsgruppe Random House GmbH, 81673 München.

© der Originalausgabe 1999 by C. Bertelsmann Jugendbuch in der Verlagsgruppe Random House GmbH, München.

Umschlaggestaltung: Epsilon2, Konzept & Gestaltung, Augsburg
Herausgeberin: Bertrun Jeitner-Hartmann
Lektorat: Ute Thomsen
Illustrationen: Julia Wittkamp
Redaktion für diese Ausgabe: Carina Janßen
Herstellung für diese Ausgabe:
JUNG MEDIENPARTNER, Niedernhausen
Satz: Uhl + Massopust, Aalen
Druck: Neografia, Martin

Printed in Slovakia

817 2635 4453 6271

Auflösungen

Mutter

Vater

Annerose

Schnüpperles
Familie

Oma

Susanne

Annelie

Vorwort

Liebe Freunde von Schnüpperle!

Die Schnüpperlegeschichten wurden zum Lesen und Vorlesen geschrieben – und über die Jahre sind daraus Geschichten zum Liebhaben geworden. Seit es die Bücher gibt, wurde dies immer wieder durch die vielen Briefe bestätigt, die Kinder geschrieben haben. Auch von solchen Kindern, die noch gar nicht schreiben können und für die Mutter, Oma, Tante oder die Kindergärtnerin einspringen mussten.

Aber niemand hätte gedacht, dass in den Geschichten noch viel mehr steckt! Es war der Autorin beim Schreiben der Geschichten, die ja viel vom Alltag ihres eigenen Sohnes berichten, überhaupt nicht bewusst, wie viele dieser Geschichten sich gleichzeitig wunderbar als Vorlage zum Basteln, Rätseln, Beobachten und Spielen eignen. Deshalb war es nicht mehr sehr schwer, den Beschäftigungsvorschlägen fast wortgetreu folgend, ein Allround-Beschäftigungsbuch für alle Monate des Jahres vorzulegen. Lasst euch von Schnüpperles Ideenreichtum anstecken!

Wir hoffen, dass auch dies wieder ein Buch zum Liebhaben wird.

Alle Auflösungen der kleinen Rätsel- und Suchaufgaben findet ihr auf der Seite 2.

Susanne und Schnüpperle haben lauter tolle >Schneeleberwesen< gebaut. Und wo hat sich die kleine Schneemaus versteckt?

Januar

Es schneit, es schneit!

Vater reißt die Tür zum Kinderzimmer auf.
»Annerose! Schnüpperle! Raus aus den Betten, es
schneit!«
»Was ist?« Annerose taucht verschlafen aus den
Kissen hervor.
»Es schneit?«, fragt Schnüpperle. »Bestimmt?
Führst du uns auch nicht an?«
»Ihr braucht nur aus dem Fenster zu sehen!«
»Ooch«, sagt Schnüpperle, »ooch, so große
Flocken! Und wie sie kreiseln, guck doch mal,
Annerose.«
»Schön«, sagt Annerose. »Genauso sollen wir
tanzen bei unserem Schneeflockenreigen.«
»Ich muss gleich meinen Schlitten holen«, sagt
Schnüpperle und rennt im Schlafanzug auf den
Dachboden. Er schleift den Schlitten über die
Dielen und an der Treppe ruft er: »Bahn frei!«
Der Schlitten kommt angesaust.
»Ich geh jetzt raus«, sagt Schnüpperle.
»Im Schlafanzug?«, fragt Mutter.
»Hilfst du mir beim Anziehen? Wenn's schnell
gehen muss, dauert's bei mir immer so furchtbar
lange.«
»Und ich muss in die Schule!«, sagt Annerose.
»Ausgerechnet heute.«
»Vielleicht bekommt ihr schneefrei«, sagt Schnüp-
perle tröstend.
»Schneefrei? So was gibt's nicht.«
»Aber früher habt ihr mal hitzefrei gehabt.«
»Das ist doch was anderes. Wenn's so heiß ist,
kann man nicht gut aufpassen.«

»Wenn's so schön schneit, kann man auch nicht
gut aufpassen«, sagt Schnüpperle.
»Das stimmt«, sagt Vater. »Aber ich muss ja auch
ins Geschäft – ausgerechnet heute. Und warum?«
Vater sieht Schnüpperle an und zwinkert mit
einem Auge.
»Das hab ich aber bloß früher gesagt, als ich noch
klein war.«
»Sag's doch noch mal«, bettelt Vater. »Warum
muss ich ins Geschäft gehen?«
»Damit das kleine Nüpperle immer dicke Butter-
nitten essen kann.«
»Ja«, sagt Vater und kitzelt Schnüpperle.
»Nicht, Vater, nicht, ich hab heut keine Zeit für so
was!«
Schnüpperle begleitet Annerose und Vater mit
dem Schlitten zur Garage. Es ist noch dunkel. Kein
Kind ist draußen, außer denen, die zur Schule
müssen. Schnüpperle geht wieder ins Haus. Er
horcht, ob nicht endlich etwas von Susanne und
Knirps zu hören ist.
»Sie schlafen noch«, sagt Mutter.
»Ob ich mal klingeln geh?«
Mutter ist dagegen.
Da bellt Knirps und schon ist Schnüpperle
draußen. Susanne hat auch ihren Schlitten mitge-
bracht. Sie gehen in den Garten und wissen vor
Freude nicht, was sie zuerst machen sollen.
Schlitten fahren oder lieber mit Schneebällen
werfen oder lieber einen Schneemann bauen?
»Ich bin für Schlittenfahren«, sagt Schnüpperle.

Es rutscht zwar noch nicht gut, aber das macht ihnen nichts aus.

»Ich fahr jetzt mal Bauchklatsche«, sagt Schnüpperle. Er legt sich lang auf den Schlitten und stößt sich mit den Händen ab. »Doll«, sagt er, »mach ich gleich noch mal.« Dann setzt er sich verkehrt herum drauf, verschränkt die Arme und stößt sich mit den Füßen ab.

Susanne passt nicht auf, die Schlitten stoßen zusammen und kippen um. Schnüpperle und Susanne liegen im Schnee. »Du siehst wie ein Schneemann aus«, sagt Susanne, als sie aufsteht.

»Du auch!«

»Ich bin doch 'n Mädchen«, sagt Susanne.

»Oh, ich weiß was!«, ruft Schnüpperle. »Ich baue einen Schneemann und du eine Schneefrau. Wollen wir?«

»Ja, los!«

»Bauen wir auch Schneekinder?«

»Oh ja, und einen Schneehund!«

Jetzt haben sie zu tun. Sie wälzen eine Schneekugel nach der anderen. Sie rollen und rennen, dass ihnen die Wollmützen zu warm werden.

»Aber man kann doch gar nicht sehen, dass mein Schneemann eine Frau ist«, sagt Susanne.

Schnüpperle überlegt.

»Ich weiß, ich frag Mutter, ob ich für meinen Schneemann einen Hut kriegen kann und für deinen ein Kopftuch.« Mutter erlaubt ihnen, Vaters Gartenstrohhut zu nehmen, und schneidet dann aus einem alten Kleid ein Kopftuch zurecht.

»Und jetzt das Schneekind!«, sagt Schnüpperle. Nach einer Weile geht er wieder zur Mutter. »Wir brauchen noch eine Schleife.«

»Eine Schleife?«

»Ja, wir haben Annerose fertig.«

»Ja, und?«

»Na, Annerose hat doch eine Schleife in ihrem Pferdeschwanz.«

Also sorgt Mutter auch noch für die Schleife.

»Willst du mal sehen, wie hübsch du geworden bist?« Schnüpperle zieht Mutter gleich mit sich in

den Garten und zeigt auf die drei Schneeleute.

»Der mit dem Hut, das ist Vater, und der mit dem Kopftuch, das bist du, und die niedliche Kleine, das ist dein Kind Annerose. Findest du dich schön?«

»Sehr schön«, sagt Mutter. »Wir sind zwar alle ein bisschen klein geraten, aber sonst habt ihr das sehr schön gemacht.«

In diesem Augenblick kommt Annerose aus der Schule. Sie klettert gleich über den Zaun und kann überhaupt nicht wieder aufhören zu lachen.

»Das soll ich sein?«, sagt sie, als Schnüpperle ihr alles erklärt hat. »Ich? Ich hab ja 'n richtigen Eierkopp!«

»Die Schleife fehlt noch. Wenn du die Schleife drumbindest, nicht mehr. Dann siehst du dir richtig ähnlich.«

»Bei dir piept's!«, sagt Annerose.

Wo ist der Gimpel?
Erkennst du auch Blaumeise
und Buchfink?

GIMPEL

Am Vogelhaus

An jedem Vormittag geht Schnüpperle mit Mutter zum Vogelhaus und streut Körner hinein. Schnüpperle könnte auch allein gehen, wenn er ein Stück größer wäre. Aber Vater hat das Vogelhaus auf einen abgesägten Birkenstamm genagelt, ziemlich hoch, wegen der Katze aus der Nachbarschaft. Deshalb reicht Schnüpperle nicht hinauf und Mutter muss immer mitgehen und Schnüpperle hochheben. Aber den großen Beutel mit dem Vogelfutter, den trägt Schnüpperle. Wenn der Beutel frisch gefüllt ist, hat Schnüpperle ordentlich zu schleppen. Am Nachmittag streut Annerose noch einmal Futter ins Vogelhaus. Heute vergisst sie es und Schnüpperle wird richtig böse.

»Morgen, wenn du aus der Schule kommst, kriegst du nichts zu essen!«, sagt Schnüpperle. »Da wirst du schon sehen, wie das ist. Da wirst du die Vögel schon nicht wieder vergessen.«
»Hast du's noch nie vergessen?«
»Noch nie! Weil ich immer so Hunger habe, wenn ich an der frischen Luft bin. Und die Vögel sind immer an der frischen Luft!«
»Ich bin aber nachmittags nicht an der frischen Luft«, sagt Annerose, »weil ich Schularbeiten machen muss. Da kann man's eben schon mal vergessen.«
»Darf man aber nicht!«
»Ach, du willst zanken!«, sagt Annerose.

»Will ich nicht. Sie tun mir aber so Leid.«

»Mir auch.«

»Wenn sie dir auch Leid tun, dann kannst du's mir ja immer sagen, wenn du's vergisst. Da geh ich nachmittags noch mal füttern.«

Seit Schnee liegt, streut Schnüpperle besonders viele Körner ins Vogelhaus. Mutter hat gesagt, nun finden die Vögel draußen überhaupt nichts mehr, jetzt brauchen sie uns doppelt.

Als sie vom Vogelhaus zurückkommen, rückt sich Schnüpperle einen Stuhl ans Fenster, klettert darauf und wartet auf die Vögel.

»Mutter, Mutter, komm doch mal schnell zum Fenster!«

Mutter kommt angerannt, weil Schnüpperle gar so aufgeregt nach ihr ruft.

»Guck mal, da sitzt so ein Dicker mit einem roten Bauch, den hab ich noch nie gesehen!«

»Das ist ja wahrhaftig ein Dompfaff«, sagt Mutter.

»Siehst du, jetzt kommen auch die Vögel aus dem Wald zu uns.«

»Wie heißt der Vogel, Mutter?«

»Dompfaff. Man kann auch Gimpel sagen. Im Brehm heißt er, glaub ich, Gimpel.«

»Warum heißt er in Bremen Gimpel? Mir gefällt das andere besser als in Bremen.«

Schnüpperle baut ein schönes Futterhaus.
Er braucht dazu:
etwas Holz, eine Säge, einen Hammer
und viele Nägel

»Wieso denn in Bremen?«, fragt Mutter.

»Na, du hast doch gesagt, die Leute, wo Oma wohnt, sagen Gimpel.«

Meisenknödel selbst gemacht

Du brauchst dazu: ein Stück Draht, einen Jogurtbecher, ca. 60 g Backfett, Sonnenblumenkerne, Erdnüsse, Haferflocken, Sesam. Eine Schüssel zum Vermischen.

1. Draht durch den Jogurtbecherboden stechen und unten umbiegen, damit er nicht wieder rausrutscht. Oben zu einem Haken biegen als Aufhängung.

2. Mutter bitten das Fett zu schmelzen. Es dann vorsichtig über die Futtermischung in der Schüssel gießen, vermischen.

3. Draht festhalten und abgekühlte Mischung darum herum in den Jogurtbecher drücken. Fest werden lassen.
Jogurtbecher aufritzen und ablösen.
Futterglocke in einen Ast hängen.

»Doch nicht, wo Oma wohnt!«

»Aber Oma wohnt doch in Bremen.«

»Ja, aber ich hab Brehm gesagt.«

»Ich auch.«

Mutter lacht. »Nein, du hast Bre-men gesagt und ich bloß Brehm. Weißt du, Brehm hat nämlich ein Mann geheißen, der viele Bücher über Tiere geschrieben hat.«

»Und der sagt zu dem schönen Vogel Gimpel?«

»Ich glaube; wir können aber gleich mal im Vogelbuch nachsehen.«

»Nein, nicht nachsehen, ich will's gar nicht wissen. Wie heißt er richtig, Mutter?«

»Dompfaff.«

»Ich sag Dompfaff. Wenn er bloß nicht gleich wieder wegfliegt. Wenn er doch endlich ins Vogelhaus hüpfen würde!«

»Er kennt es nicht«, sagt Mutter. »Er bleibt immer noch auf der Birke sitzen.«

»Aber wenn er erst drin ist und die Nüsse findet, da wird er sich aber freuen!«

»Die anderen Vögel freuen sich auch. Sieh doch nur, wie sie picken.«

»Mutter! Mutter! Jetzt ist er reingeflogen!« Schnüpperle hat nur Augen für den Dompfaff.

»Ich weiß was. Ich heb ihm heute Mittag ein Stück von meiner Bratwurst auf. Da kommt er bestimmt wieder!«

In Eis und Schnee

»Mutter«, sagt Schnüpperle nach dem Abendbrot, »erzählst du uns jetzt die Geschichte von dem Hund mit dem Brummkreisel?«

»Es ist kein Brummkreisel«, sagt Annerose. »Es ist ein Fässchen. Kannst du dir das nicht endlich merken!«

»Und das Fässchen war immer mit Schnaps gefüllt«, sagt Mutter, »und die Bernhardiner haben es am Halsband getragen, wenn sie im Winter die Menschen suchen gingen, die sich verirrt hatten im Sturm und im tiefen Schnee.«

»Tiefen Schnee finde ich gut. Da kann man schön einen Schneemann bauen und Schlitten fahren.«

»Hör bloß auf«, ruft Annerose. »Wenn man sich im Schneesturm verirrt, das ist ganz schlimm. Da erfriert man und ist dann tot.«

»Hast du dich schon mal verwirrt, Annerose?«

»Nein.«

»Und woher weißt du's so gut?«

»Von Frau Buschmann, die hat uns in der Schule mal so eine Geschichte vorgelesen. Und außerdem heißt es verirrt und nicht verwirrt.«

»Aber was ist denn das?«, fragt Schnüpperle. Er tippt sich an die Stirn. »Ist das so wie hier oben tülütütü?«

Vater lacht. »Nein, so doch nicht. Aber du würdest dich bestimmt verirren, wenn du Annerose mit verbundenen Augen von der Schule abholst.«

»Ach, Vater, das ist doch Blindekuh.«

Vater holt Luft. »Also, wer sich verirrt, der hat den richtigen Weg verloren in der Finsternis – und dazu auch noch bei Schnee und Sturm. Hui –«, macht Vater, »hui – mich friert richtig.«

»Und bei solchem Wetter sind die Bernhardiner losgezogen«, sagt Mutter. »Sie haben tatsächlich gespürt, wenn sich jemand verirrt hatte. Dann haben sie an der Tür gekratzt und sind immer hin und her gelaufen und haben dazu geschnieft, bis sie losgeschickt wurden.«

»Und dann, Mutter?«

»Dann haben sie so lange gesucht, bis sie die verirrten Menschen gefunden haben.«

»Und dann, Mutter?«

»Dann haben sie gebellt, bis die Verirrten wach geworden sind, oder sie haben sich zu ihnen gelegt und sie gewärmt und manchmal haben sie die Menschen sogar aus dem Schnee gegraben.«

»Und wie haben sie es mit dem …«

»Fässchen!«, ruft Annerose. »Sag jetzt bloß nicht wieder Brummkreisel.«

»Wie haben sie es denn damit gemacht, Mutter?«

»Das Fässchen mussten die Verirrten selber aufschrauben und ordentlich daraus trinken. Und wenn sie wieder warm geworden waren, brauchten sie sich nur noch am Halsband festzuhalten und die Hunde führten sie zum Haus.«

»Und dann, Mutter?«

»Dann waren sie gerettet«, sagt Annerose. »Kannst du dir das nicht denken, Schnüpperle? Sie kamen in die warme Stube, im Ofen brannte das Feuer und sie kriegten etwas zu essen. Und dann …«

»Und dann war Weihnachten!«, ruft Schnüpperle.

»Wie kommst du denn darauf? Es war Winter.«

»Aber immer wenn Winter ist, ist Weihnachten, nicht, Mutter?«

»Aber nicht den ganzen Winter«, sagt Mutter. »Der Winter ist dort, wo die Bernhardiner leben, viel kälter als bei uns, und es gibt dort viel mehr Eis und Schnee.«

»Gehen sie jetzt auch noch los, wenn sich jemand verirrt hat?«, fragt Annerose.

»Ja«, sagt Mutter.

»Wenn ich bloß wüsste, wie sie das merken.«

Vater sagt: »Ja, das weiß kein Mensch. Auf der Tafel in der Bernhardinerbox hat gestanden, sie sind nicht nur die besten Freunde, sie sind wirklich die Retter in höchster Not.«

»Purzel ist auch mein bester Freund«, sagt Schnüpperle.

»Aber Retter in höchster Not ist er nicht«, sagt Annerose.

»Das weißt du doch überhaupt nicht, du hast dich doch überhaupt noch nicht verwirrt, wenn's geschneit hat.«

»Denkst du vielleicht, Purzel würde mich dann finden?«

»Na klar. Wenn ich mit ihm losgehe und sage: ›Such Annerose, such, such, such –‹«

Im nächsten Augenblick springt Purzel aus seinem Korb und fängt an zu bellen. Er rennt zu Annerose und legt ihr die Pfoten auf die Knie.

»Siehst du!«, ruft Schnüpperle. »Er würde dich retten. Er versteht jedes Wort.«

Wer entdeckt 5 Unterschiede?

Wem gehören die vergessenen Teile? Wer die Buchstaben bei den Kindern richtig zuordnet, erfährt, was alle vier sind.

Februar

Schihaserl und Wadenkater

Susanne steht mit Knirpsi am Zaun. Sie guckt zum Fenster hinauf, wo im Nachbarhaus Annerose und Schnüpperle schlafen. Dort oben rührt sich immer noch nichts.

»Bell mal, Knirpsi«, sagt sie zu ihrem Hund, »bell mal richtig doll.«

Knirpsi bellt nicht.

»Kommt wieder rein«, ruft Susannes Mutter. »Sie schlafen noch. Sie sind doch erst in der Frühe zurückgekommen mit dem Nachtzug, und wenn die Tür so lange offen steht, wird's kalt.«

»Ich möchte so gerne wissen, ob Schnüpperle wirklich Schi fahren gelernt hat,« sagt Susanne.

»Ich glaub das nicht. Schnüpperle hatte überhaupt keine Schi.«

Erst als es auf Mittag zugeht, macht jemand nebenan die Haustür auf. Purzel bellt und Schnüpperle kommt die Treppe herunter. Im nächsten Augenblick ist Susanne schon draußen.

»Hast du Schi fahren gelernt, Schnüpperle?«

»Hab ich, und wie! Ich war nämlich der Allerbeste. Ja, jetzt staunst du, Susanne.«

»Und von wem hast du die Schi gehabt?«

»Die haben wir uns geliehen. Das kann man nämlich dort machen, wo wir hingefahren sind. Da ist so ein großes Geschäft und da werden sie ausgesucht. Du hast es ja nicht glauben wollen.«

»Und wie war's bei Annerose?«, fragt Susanne.

»Bei Annerose war's genauso. Die hat auch Schi gekriegt, ganz genau passend.«

»Wie haben sie denn das gemacht?«

»Die haben die Schi neben Annerose aufgestellt und da haben sie's ganz genau gewusst.«

»Waren denn viele Leute da?«

»Na klar«, sagt Schnüpperle, »was denkst du denn. Wir waren zehn. Alle in einer Größe.«

»Aber Annerose ist doch viel größer.«

»Ja, deshalb war sie auch in einem anderen Kus.«

»Wo war Annerose?«

»In einem anderen Kus, Donnerwetter. Und weißt du, wie unser Schilehrer gehießen hat? Andi. Er hat immer zu uns gesagt: ›Na, ihr Schihaserl, ihr kloan.‹«

»Was hat er gesagt?«

»›Ihr Schihaserl, ihr kloan.‹ Ihr kloan heißt ihr kleinen.«

»Und dann?«, fragt Susanne.

»Dann hat er uns genau vorgemacht, wie wir uns die Bretteln anschnallen müssen, und dann hat er uns vorgemacht, wie wir auf den Bretteln stehen müssen und wie wir uns abstoßen müssen und lauter so was. Und jeden Tag hat's geschneit. ›Pulver, schauts, lauter Pulver‹, hat der Andi immer gesagt. Und es hat geglitzert in der Sonne und wir sind mitten reingefahren. Und dann hat's gestiebt, das hat der Andi auch gesagt. Und es hat überhaupt nicht lange gedauert und ich konnte prima fahren.«

»Bist du auch hingefallen?«, fragt Susanne.

»Zuerst, aber das hat überhaupt nicht wehgetan. Bloß wenn ich aufstehen wollte, das hab ich nicht so schnell gekonnt, weil die Bretteln so lang waren.

Aber dann war's überhaupt nichts mehr. Und der Andi, der ist mit uns immer höher aufigstiegen.«

»Was hat er gemacht?«

»Er ist mit uns immer höher auf den Berg aufigstiegen und wir sind immer von weiter oben runtergefahren und immer so sssit – sssit – sssit – erst auf diese Seite und dann auf die andere. Und ich bin mit einem anderen um die Wette gefahren. Der heißt Simon, aber alle haben bloß Simmerl zu ihm gesagt. Und der Andi hat gesagt: ›Ihr seid ja super und mit euch kann man ja eine richtige Gaudi machen.‹ Und weißt du, was wir dann für eine Gaudi gemacht haben?«

»Wie soll ich denn das wissen?«, sagt Susanne, »ich war doch nicht dabei. Und überhaupt, eine Gaudi, so was Blödes.«

»Das ist nichts Blödes, Donnerwetter, das ist ganz doll zum Lachen, so!«

»Und was war's?«, fragt Susanne.

»Am letzten Tag haben wir Fasching gemacht. Der Andi hat uns ganz komische Sachen angezogen. Der Simmerl hat von ihm Röcke gekriegt und so einen komischen Hut. Dazu hat der Andi Kompotthüterl gesagt. Und ich hab einen Zylinder gekriegt.«

»Ist das auch ein Hut?«, fragt Susanne.

»Ja, das ist so ein hoher, schwarzer Hut, und dazu einen Spazierstock. Nein, es hat ein bisschen anders geheißen, aber so ähnlich.«

»Gehrock!«, ruft Annerose. Sie ist jetzt auch dazugekommen. »Und dann hat Schnüpperle ein blütenweißes Hemd tragen müssen.«

»Auf dem Rücken?«, fragt Susanne.

»Natürlich nicht, er hat es angezogen. Das war finnominno. Bloß gut, dass Vater alles fotografiert hat. Die Leute haben geklatscht und geklatscht, als die beiden den Berg heruntergewedelt sind.«

»Was haben sie gemacht?«

»Gewedelt«, sagt Annerose. »Das ist, wenn man beim Schifahren von der einen Seite auf die andere schwenkt, immer sssit – sssit – sssit.«

»Ach so«, sagt Susanne, »das hab ich auch schon

mal gesehen, beim Sport, im Fernsehen.«

Annerose nickt. »Ja, das haben wir alles im Schikurs gelernt.«

»Du auch? Schnüpperle hat doch gesagt, du bist in einem anderen Kus gewesen.«

»War ich auch, in einem für Größere. Aber das heißt Kurrrs und nicht Kus.«

»Ich hab mir schon so was gedacht«, sagt Susanne. »Und jetzt könnt ihr richtig Schi fahren wie die Großen?«

»Ja, das können wir«, ruft Schnüpperle. »Und ich hab überhaupt keinen Wadenkater mehr.«

»Wadenkater?«, fragt Susanne. »Was ist denn das?«

»Das ist hier unten.« Schnüpperle zieht ein Hosenbein hoch und fährt an seiner Wade auf und ab. »Hier hat's ganz furchtbar wehgetan und Vater hat gesagt, das kommt davon, wenn man auf einmal ganz viel laufen muss mit den Bretteln und steigen und so.«

»Es heißt aber nicht Wadenkater«, sagt Annerose, »es heißt Muskelkater, hab ich auch gehabt.«

»Aber ich sag Wadenkater, weil's hier unten ist.« Und Schnüpperle zeigt wieder auf seine Wade.

Wer den vier Kindern alle Teile mit den
richtigen Symbolen und Buchstaben zuordnet,
kann lesen, wie die einzelnen Kostüme heißen.

Schwarzer Kater und Rotkäppchen

»Seit ich mit der Wika zusammensitze, ist dauernd was los«, sagt Annerose. »Wisst ihr, was wir machen? Ein Kostümfest.«

»Was ist denn das, Annerose?«

»Was anderes anziehen als sonst, verkleiden und so. Die Wika hat gesagt, für Fastnacht ist es ja längst zu spät, aber damals sind sie umgezogen und da ging's nicht. Und jetzt holen sie es nach, weil sie jetzt so viel Platz haben. Wir dürfen toben, wie wir wollen. Es sind sehr viele eingeladen und wir haben in jeder Pause bloß noch davon geredet, wie wir gehen wollen.«

»Kannst ja rumhopsen, da brauchst du nicht zu gehen«, sagt Schnüpperle.

»Ach, das ist doch was anderes. Wir wissen nicht, ob wir als Prinzessin gehen wollen oder als Indianerfrau oder als Schornsteinfeger oder so. Bloß so angepopelt mit altem Hut und ausgelatschten Schuhen, das darf's nicht sein, es werden nämlich auch Preise verteilt. Und wenn du willst, kannst du mitkommen, Schnüpperle.«

»Bestimmt, Annerose, bestimmt? Flunkerst du auch nicht? Oh, ist das doll.«

»Am liebsten möcht ich als Schmetterling gehen«, sagt Annerose, »mit großen, bunten Flügeln.«

»Das ist zwar ein schönes Kostüm«, sagt Mutter, »aber wenn ihr toben und spielen wollt, werden dir die Flügel lästig werden.«

Das sieht Annerose ein. »Dann vielleicht als Fliegenpilz mit einem knallroten Hut und so einem rüschigen Kragen um den Hals.«

»Mit dem Hut geht es dir genau wie mit den Flügeln, Annerose.«

Annerose zieht ein Gesicht. »Als was soll ich denn nun gehen?«

»Wie wär's denn, wenn du als schwarzer Kater gingst, mit weißen Pfoten und einem weißen Latz, den würde ich dir aus Spitze nähen. Du könntest weiße Handschuhe und weiße Schuhe anziehen.«

»Na ja«, sagt Annerose, »da könnt ich toben, so viel ich will. Und du, Schnüpperle, du gehst als Maus.«

»Kommt nicht in Frage«, ruft Schnüpperle, »womöglich frisst du mich auf. Ich will als Riese gehen, mit einer großen Keule.«

Mutter und Annerose lachen und überlegen weiter. Als es so weit ist, geht Annerose wirklich als schwarzer Kater in einem glänzenden Plüschanzug. Schnüpperle geht aber nicht als Riese, er geht als Rotkäppchen.

Mutter hat ihm außer der roten Kappe einen roten Rock genäht und eine grüne Jacke. Schnüpperle hat weiße Strümpfe an und in seinem Korb einen Blumenstrauß, eine Weinflasche voll Apfelsaft und viele Bonbons.

Sie fahren mit dem Bus. Annerose legt das Geld aufs Zahlbrett und der Fahrer lacht sie an.

»Hokuspokus Fidibus«, sagt er, »dreimal schwarzer Kater.« Im selben Augenblick drückt er auf den Knopf und das Wechselgeld kommt herausgerollt. Zu Schnüpperle sagt er: »Na, Rotkäppchen, bist du unterwegs zu deiner Großmutter?«

Schnüpperle nickt.

»Dann lass dich aber diesmal nicht wieder vom Wolf auffressen, verstanden?«

»Bestimmt nicht«, sagt Schnüpperle.

Als sie sich gesetzt haben, kichert er vor sich hin.

»Der hat bestimmt gedacht, ich bin das richtige Rotkäppchen, glaubst du, Annerose?«

Nachher, bei Ludowika, weiß er nicht, wohin er gucken soll, als er die vielen Kostüme sieht.

Ein Schornsteinfeger, eine Räuberbraut und ein Burgfräulein, eine Hexe und ein Rumpelstilzchen. Ludowika geht als Matrose und ihr Bruder als Cowboy.

Zuerst mag Schnüpperle Anneroses Hand nicht loslassen, aber als er die anderen herumrennen sieht, macht er mit. Er nimmt Bonbons aus dem Korb und wirft sie in die Luft.

»Das haben sie im Fernsehen auch so gemacht«, ruft er.

»Rotkäppchen«, fragt der Cowboy, »wo hast du denn den Wolf gelassen?«

»Zu Hause«, sagt Schnüpperle. »Konnt ich ja nicht mitbringen, weil er euch aufgefressen hätte, dich zuallererst.«

Ludowikas Mutter hat in der Diele einen Tisch mit Keksen aufgebaut, mit Salzstangen, Kartoffelchips,

Erdnüssen und Saft. Jeder kann nehmen, so viel er will. Aber sie kommen zuerst gar nicht dazu.

Beim Eierlaufen gewinnt Annerose, beim Sackhüpfen gewinnt Ludowikas Bruder, beim amerikanischen Wettrennen gewinnt Katrin. Dann müssen sie sich ausruhen. Sie setzen sich hin und machen Zungenbrecher. Jeder muss dreimal sagen: »Die Katze tritt die Treppe krumm«, ohne Fehler. Ludowika fängt an und kann es natürlich nicht. Dann kommt Annerose dran, die kann es auch nicht, und dann Schnüpperle.

»Die Katze tritt die Krette trumm – die Katze krummt die Kreppe krimm – die Katze treppt die Tritte krumm.«

Es gewinnt keiner, weil sie alle so furchtbar lachen müssen. Dann kommt dran: »Fischers Fritze fischt frische Fische.« Das kann auch keiner dreimal richtig sagen: »Frischers Fitze frischt fische Fitze«, und so was kommt heraus.

Plötzlich steht Ludowikas Bruder auf. »Diesen Blödsinn hab ich jetzt satt. Ich geh zu den Pferden.«

Schnüpperle passt auf, aus welcher Tür er geht.

»Wo ist denn der Cowboy hingegangen?«, fragt er Wikas Mutter.

»Komm, ich zeig dir's. Hier«, sagt sie, »das Rotkäppchen will zugucken, wie du Pferde putzt.«

»Wieso«, sagt Wikas Bruder, »du gehörst doch zu den Weibern.«

»Nein, ich bin doch gar keins.«

»Na, dann bist du eben ein Rotkäppchen.«

»Ich bin auch kein richtiges Rotkäppchen, das sieht bloß so aus.«

»Ich bin auch kein richtiger Cowboy, wir sehen alle bloß so aus. Wie heißt du denn?«

»Schnüpperle.«

»Schnüpperle? Was soll denn das bedeuten? Bist du ein Junge oder ein Mädchen?«

»Ein Junge.«

»Ach so«, sagt Ludowikas Bruder, »na ja, das kann man ja nicht sehen. Also gut, du kannst hier bleiben und zugucken beim Pferdeputzen.«

Lauter Frühlingsboten

Schreibt man die richtigen Namen in die Kästchen unter den einzelnen Blumen und überträgt die gekennzeichneten Felder, wirst du ein passendes Lösungswort ablesen.

KROKUS
OSTERGLOCKE
FORSYTHIE
HYAZINTHE
TULPE

März

Herr Winter, geh hinter ...

Bevor Mutter heute zum Gutenachtsagen kommt, will Annerose noch einmal ihr Gedicht üben. Sie muss es morgen können. »Aber picobello«, hat der Lehrer gesagt.

Schnüpperle hat das Buch vor sich auf dem Deckbett liegen, als ob er schon lesen könnte; er hört Annerose das Gedicht ab, und immer wenn Annerose stecken bleibt, sagt Schnüpperle leise, wie es weitergeht.

»Herr Winter, geh hinter«, sagt Annerose, »der Frühling kommt bald. Das Eis ist geschwommen, die Blümlein sind gekommen –«

»Hach«, macht Schnüpperle, »wieder falsch.«

Annerose fängt von vorne an. »Herr Winter, geh hinter, der Frühling kommt bald. Das Eis ist geschwommen, die Blümlein sind kommen – – –«

»Und grün«, flüstert Schnüpperle.

»Und grün wird der Wald. Herr Winter, geh hinter, dein Reich ist vorbei, die Vögelchen alle –«

»Hach«, macht Schnüpperle, »wieder falsch.«

»Die Vögelein alle, mit jubelndem Schrei –«

»Nein«, ruft Schnüpperle, »es heißt doch Schalle.«

»Also«, sagt Annerose, »ich sag den zweiten Vers noch mal: Herr Winter, geh hinter, dein Reich ist vorbei – –«

»Die Vögelein«, flüstert Schnüpperle.

»Die Vögelein alle, mit Jubel und Schalle –«

»Falsch!«, sagt Schnüpperle, »jetzt sag ich's aber mal: Herr Winter, geh hinter, dein Reich ist vorbei. Die Vögelein alle, mit jubelndem Schalle verkünden den Mai. – Das ist doch nicht schwer.«

»Ich kann's eben nicht so gut wie du.«

»Ja, das stimmt«, sagt Schnüpperle, »Vater sagt ja auch immer, ich werd mal eine ganz große Kanone, wenn ich in die Schule gehe.«

»Ja, ja«, sagt Annerose, »vielleicht beim Gedichtelernen. Da bin ich eben keine. Aber in der Schule muss man ja auch noch andere Sachen machen.«

»Wenn Vater sagt, ich werd mal eine ganz große Kanone, dann werd ich auch eine, so. Und jetzt sagst du's noch mal ganz von vorne.«

Annerose fängt an und diesmal klappt es.

Dann kommt Mutter, sagt gute Nacht und knipst das Licht aus.

»Schnüpperle«, sagt Annerose, »gib mir mal das Buch rüber.«

»Warum?«

»Weil ich es mir unter das Kopfkissen legen will.«

»Meinst du wirklich, es hilft?«

»Es hilft. Ich hab's doch schon so oft ausprobiert.«

Als Annerose das Buch unter das Kopfkissen gesteckt hat, fragt Schnüpperle: »Drückt es dich jetzt, Annerose?«

»Ein bisschen, aber das muss so sein, sonst kriegt man es nicht in den Kopf.«

Nach einer Weile fragt Schnüpperle: »Schläfst du schon, Annerose?«

»Nein.«

»Weißt du, was ich gern wissen möchte? Ich möchte gern wissen, warum du immer sagst, Herr Winter, geh hinter, wohinter soll er denn gehen?«

»Das weiß ich auch nicht, er soll eben weggehen.«

»Aber es heißt doch nicht weggehen, es heißt doch, Herr Winter, geh hinter.«

»Vielleicht hinter den Wald oder hinter den Berg oder – ich weiß es nicht. Du musst morgen mal Vater fragen.«

Am anderen Morgen, als Mutter zum Frühstück ruft, kommen sie, wie an jedem Tag, hintereinander die Treppe herunter. Zuerst Annerose, dann Schnüpperle und dann Vater. Sie gehen auf den Frühstückstisch zu und sind sprachlos.

Mittendrauf steht ein großer Korb mit Primeln, rot, blau, weiß, gelb.

»Nanu«, fragt Vater, »was ist denn heut los, von uns hat doch keiner Geburtstag.«

»Och«, sagt Schnüpperle, »gar kein Geburtstag, und so viele Blumen. Man weiß nicht, was man sagen soll.«

»Oh, ich weiß«, ruft Annerose, »heute ist Frühlingsanfang. Deshalb haben wir doch das Gedicht lernen müssen.

> Herr Winter,
> Geh hinter,
> Der Frühling kommt bald!
> Das Eis ist geschwommen,
> Die Blümlein sind kommen
> Und grün wird der Wald.
>
> Herr Winter,
> Geh hinter,
> Dein Reich ist vorbei.
> Die Vöglein alle,
> Mit jubelndem Schalle,
> Verkünden den Mai!

Siehst du, Schnüpperle, jetzt kann ich's und das kommt bloß, weil ich das Buch unter das Kopfkissen gesteckt habe.«

»Na, dann wollen wir uns das Frühlingsanfangsfrühstück mal schmecken lassen«, sagt Vater, »sonst kommen wir beide zu spät aus dem Haus.«

Weidenkätzchen und  Haselschwänzchen

»Heute freu ich mich ganz doll auf die Schularbeiten«, sagt Annerose, als sie nach Hause kommt.

»Warum?«, fragt Schnüpperle.

»Weil wir was ganz besonders Fabelhaftes aufhaben.«

»Was denn?«, fragt Schnüpperle.

»Das kann ich dir gar nicht so leicht sagen, es ist was in zwei Teilen.«

Annerose macht ihre Schultasche auf und nimmt einen großen, weißen Bogen heraus. Sie faltet ihn auseinander und sagt: »Also – auf dieser Hälfte müssen wir schreiben und gegenüber sollen wir malen.«

»Was denn?«, fragt Schnüpperle.

»Frühlingsblumen und Frühlingsboten, eben alles, was zum Frühling gehört.«

»Und was gehört zum Frühling?«, fragt Schnüpperle neugierig.

»Na, eben die Boten.«

»Was sind denn Boten?«, fragt Schnüpperle.

»Boten sind so ähnlich wie Briefträger, hat Frau Buschmann gesagt. Die bringen uns die Nach-

richten vom Frühling, dass er jetzt kommt und
so.«
»Und was sind das für welche?«
»Also, Schnüpperle, du brauchst doch bloß in den
Garten zu gehen.«
»Meinst du Schneeglöckchen?«
»Auch. Aber es gibt noch mehr Blumen und Früh-
lingsboten«, sagt Annerose. »Und wir sollen uns
Gedanken machen, woher die Blumen ihren
Namen haben, und was dazu schreiben. Wir haben
drei Tage Zeit, weil wir dazu noch malen sollen.«
»Das ist aber eine schöne Schularbeit«, sagt
Mutter.
»Deshalb freu ich mich auch so drauf«, sagt Anne-
rose. »Wir können uns den ganzen Bogen
einteilen, wie wir wollen. Und je mehr Frühlings-
boten wir finden, desto besser.«
»Weißt du schon welche?«, fragt Schnüpperle.
»Na klar«, sagt Annerose. »Als Erstes mal ich
Schneeglöckchen.«
»Und was schreibst du dazu?«
Annerose stützt den Kopf in die Hand.
»Wenn du die auf die eine Seite malst«, sagt
Schnüpperle, »dann kannst du auf die andere Klin-
gelingeling schreiben.«
»Das schreib ich bestimmt nicht! Und als Zweites
mal ich Märzbecher.«
»Prost, prost, prost!«, ruft Schnüpperle.
»Schnüpperle, du kannst einem richtig die Freude
verderben.«
»Wieso?«, fragt Schnüpperle.
»Bei prost müsste es ja Märzgläser heißen.«
»Aber bei Krokus kannst du Kuss – Kuss – Kuss
schreiben.«
»Hör auf, Schnüpperle, du hast keine Ahnung.«
»Wie wär's denn mit Osterglocken«, sagt Mutter.
»Ja«, ruft Schnüpperle, »bim, bam – bim, bam!«
»Ich mach jetzt überhaupt nicht weiter!«, ruft
Annerose. »Schnüpperle verdirbt mir die ganze
Freude.«
»Das stimmt überhaupt nicht, Donnerwetter, ich
helf dir doch.«

Wenn du die Begriffe der beiden zusammengehören-
den Bilder der Reihe nach in die Kästchen schreibst,
erhältst du den Namen einer Frühlingsblume.

Nach dem Mittagessen setzt sich Annerose an die Schularbeiten und Schnüpperle soll verschwinden. »Dann geh ich eben zu Annelie«, sagt er. Aber auf dem Weg überlegt er sich, dass um diese Zeit das Buberl noch schläft. Deshalb klingelt er erst bei Frau Sengelmann.

»Frühlingsboten?«, fragt Frau Sengelmann. »Tja, was sind denn Frühlingsboten?«

»Briefträger vom Frühling, weil er jetzt kommt«, sagt Schnüpperle.

Frau Sengelmann lacht. »Na also, dacht ich mir's doch, meine Schneeglöckchen sind jetzt Frühlingsbriefträger.«

»Schneeglöckchen hat Annerose schon.«

»Hat sie auch schon Tulpen?«

»Nein, hat sie noch nicht.«

»Und wie ist es mit den Winterlingen?«

»Was ist denn das?«, fragt Schnüpperle.

»Kannst du dir bei mir im Garten ansehen, die hab ich besonders gern.«

»Oh ja«, sagt Schnüpperle. »Ich muss doch Annerose sagen, wie sie die malen soll.«

»Die sind aber niedlich«, sagt Schnüpperle, als ihm Frau Sengelmann die Winterlinge zeigt.

»Und hier, guck mal, da kommen schon die Perlhyazinthen. Und das sind die ersten Kuhschellen. Na, hab ich dir nun Frühlingsboten gezeigt?«

»Oh ja, Frau Sengelmann, jetzt kann Annerose aber viel Schularbeiten machen.«

»Wenn es für Anneroses Schularbeit ist, dann kann sie sich die Blumen doch bei mir ansehen kommen, damit sie auch alles richtig malt.«

»Ja, das sag ich Annerose. Und wenn Sie mir noch sagen könnten, wie spät es ist?«

In diesem Augenblick schlägt die Standuhr in Frau Sengelmanns Stube dreimal.

»Aha«, sagt Schnüpperle, »jetzt kann ich zu Annelie gehn, weil das Buberl nicht mehr schläft.« Und schon rennt er los.

»Frühlingsboten soll Annerose aufschreiben?«, fragt Annelies Mama.

»Scheiben«, sagt das Buberl, »Annehose scheiben.«

»Da gehören die Forsythien unbedingt dazu.« Die Mama zeigt auf einen großen Strauch voller gelber Blüten. »Wenn das kein Frühlingsbote ist!«

»Und die Haselkätzchen«, ruft Annelie, »die so stäuben, wenn man drantippt.«

»Pippt – pippt«, macht das Buberl.

»Und Weidenkätzchen, die möcht ich immer streicheln, Schnüpperle.«

Schnüpperle seufzt. »Ich hätte nicht gedacht, dass es so viele Frühlingsboten gibt.«

»Es gibt doch noch viel mehr«, sagt Annelies Mama. »Hat Annerose schon an die Vögel gedacht, die jetzt aus dem Süden zu uns kommen?«

»Da muss ich sie mal fragen.«

»Dann frag sie, ob sie schon die Stare gesehen hat, die zurückgekommen sind. Wir sehen sie jeden Morgen über den Rasen stolzieren.«

»Und die Schwalben, Schnüpperle!«, ruft Annelie. »Bei Bauer Hoppe bauen sie ein Nest über der Haustür.«

»Ich muss jetzt ganz schnell los«, sagt Schnüpperle, »sonst vergess ich das alles.«

Nicht drücken, Schnüpperle!

»Kann ich auch mal ein Ei ausblasen? Bitte, Mutter, ich möchte so gerne.«

»Das ist aber nicht so einfach, wie es aussieht, Schnüpperle. Dazu braucht man ganz schön viel Puste.«

»Hab ich«, sagt Schnüpperle, »du weißt doch, wie gut ich schon Luftballons aufpusten kann. Und Annerose hat's ja auch gekonnt.«

»Bei mir war's doch bloß ein kleines Ei«, sagt Annerose, »und Mutter hatte die Pustelöcher auch besonders groß gestochen.«

»Kann sie ja bei mir auch machen.«

»Schnüpperle«, sagt Annerose, »ich glaube, du bist noch zu klein dazu.«

»Immer soll ich zu klein sein, wenn du was nicht willst«, sagt Schnüpperle, »dabei bin ich überhaupt nicht zu klein, das wirst du schon sehen.«

»Gut«, sagt Mutter, »du kannst es ja probieren.«

Seit vielen Wochen bläst Mutter jedes Ei aus, das sie zum Backen oder Kochen braucht, damit genug Eier zum Bemalen im Korb sind.

Mutter nimmt ein weißes Ei vom Eierkarton und sticht oben und unten ein Loch hinein.

»Ich will aber lieber ein braunes Ei ausblasen«, sagt Schnüpperle.

»Das ist doch egal«, ruft Annerose, »wenn sie angemalt sind, sieht man's sowieso nicht mehr.«

»Aber braune Eier mag ich lieber.«

»Willst du das Ei nun ausblasen oder nicht?«, fragt Mutter.

Schnüpperle kniet sich auf den Stuhl und Mutter schiebt die Schüssel mit den ausgeblasenen Eiern zurecht.

»Jetzt fass das Ei vorsichtig an, und dann – na, du hast ja gesehen, wie ich's gemacht habe.«

Schnüpperle nimmt das Ei und beugt sich über die Schüssel. Dann pustet er. Es rührt sich nichts. Schnüpperle bekommt einen feuerroten Kopf, aber das Ei flutscht nicht aus der Schale.

»Na, was hab ich dir gesagt«, ruft Annerose, »du kannst es nicht.«

»Ich kann's, ich mach jetzt auch ganz doll.«

Dann pustet Schnüpperle wieder, pustet und pustet, und gerade als Mutter rufen will: »Nicht drücken, Schnüpperle!« – macht es knack.

Vor Schreck fällt Schnüpperle mit dem zerdrückten Ei vornüber in die Schüssel. Die Schüssel kippt und der Stuhl auch. Aber Mutter

kriegt Schnüpperle gerade noch zu fassen und Annerose hält schnell die Schüssel fest.

»Donnerwetter«, sagt Schnüpperle, »jetzt habe ich mich aber erschrocken.«

»Ich auch«, sagt Mutter.

»Und ich erst«, ruft Annerose, »aber ich hab's gewusst, du kannst es nicht.«

»Doch«, sagt Schnüpperle, »wenn es ein braunes Ei gewesen wäre, dann schon.«

»Ja, freilich. Und wie du jetzt aussiehst, du Töffel.« Zuerst geht Mutter mit Schnüpperle zum Waschbecken, dann fischt sie die Eierschalen aus der Schüssel.

»Weißt du was, Mutter«, sagt Annerose, »am liebsten würde ich heut Nachmittag einen Eierkranz probieren und so einen kleinen Osterhasen mit Knickohr, der so pfiffig aussieht.«

Mutter hat nichts dagegen und Annerose holt gleich das Bastelheft. Sie schlägt es auf.

»Ach«, sagt Schnüpperle, »ist der kleine Hase aber niedlich. Machst du den zuerst, Annerose?«

»Nein, erst mal ich die Eier an für den Eierkranz, das hab ich mir so ausgedacht. Und bis sie getrocknet sind, kann ich ja den kleinen Hasen machen.«

»Kann ich helfen?«, fragt Schnüpperle.

Annerose sieht Schnüpperle an. »Ich hab noch genug von vorhin.«

Dann liest Annerose, was sie alles braucht für den Kranz: außer den Eiern eine Kordel, kleine Holzperlen und Seidenband. Und für den Hasen auch Holzperlen.

»Fünfundzwanzig m-m Durchmesser«, liest Annerose vor, »und dreißig m-m Durchmesser.« Sie legt das Heft hin.

»So viele Messer erlaubt Mutter bestimmt nicht«, sagt Schnüpperle verzagt, »da kannste dich drauf verlassen.«

»Das sind doch überhaupt keine Messer«, sagt Annerose.

»Und was sind's?«

»Genau weiß ich's auch nicht. Aber ich mach sowieso zuerst den Eierkranz und jetzt mal ich erst mal die Eier an.«

Annerose bemalt fünf Eier und steckt jedes fertige Ei auf einen Stock und Schnüpperle muss den Stock hochhalten, bis das Ei getrocknet ist.

Dann will Annerose Kordel und Holzperlen kaufen gehen. Mutter gibt ihr Geld.

»Ich brauch lauter kleine Perlen«, sagt sie, »bloß eine muss fünfundzwanzig m-m haben und eine dreißig m-m. Mutter, weißt du, was das ist?«

»Das heißt Millimeter«, sagt Mutter, »und ich denke, damit ist der Durchmesser gemeint.«

»Stimmt«, sagt Schnüpperle, »und mit richtigen Messern hat es überhaupt nichts zu tun.«

»Nein, das ist ein Maß«, sagt Mutter, »aber was soll aus den beiden Perlen werden?«

»Ein Osterhase.«

»Oje, das wird aber bloß ein ganz kleiner.«

»Ja, aber ein ganz pfiffiger«, ruft Schnüpperle.

Annerose
braucht für ihren Eierkranz:

ausgeblasene Eier
eine dünne Kordel
kleine Holzperlen
Seidenband

Basteln für Ostern

»Es geht jetzt los«, sagt Annerose und hängt ihren Anorak an den Haken.

»Was geht denn los?«, fragt Schnüpperle.

»Das Basteln für Ostern.«

»Oh, fein«, sagt Schnüpperle, »kann ich auch mitmachen?«

»Bei den Osterhasen vielleicht, aber zuerst häkeln wir Eierwärmer.«

»Eierwärmer?«, fragt Schnüpperle, »ist das so wie Bettwärmer?«

»Bettwärmer!« Annerose fängt an zu lachen. »Ein Bettwärmer ist doch nicht gehäkelt.«

»Nein, nein«, ruft Schnüpperle, »ich mein doch Bettschuhe.«

»Wie kommst du denn von Eierwärmer auf Bettschuhe?«

»Weil du die für Oma zu Weihnachten gehäkelt hast.«

»Und wärmen tun beide«, sagt Mutter.

»Siehste.«

»Na gut«, sagt Annerose, »aber Eierwärmer sehen ganz anders aus.«

»Wie denn?«

»Ungefähr so wie kleine Hüte.«

»Dann sind's ja Eierhüte, Annerose.«

»Nein. Hüte sitzen obendrauf, aber Eierwärmer gehen ringsrum.«

»Dann sind's Eierkapuzen«, sagt Schnüpperle.

»Nein«, ruft Annerose, »du kannst einen verrückt machen mit deiner Fragerei. Es sind Eierwärmer.«

»Und für wen häkelst du die, Annerose?«

»Für uns und für Oma und vielleicht mach ich auch noch mehr.«

»Und wozu brauchen wir die Eierwärmer?«

»Zum Frühstück, damit die Eier auf den Eierbechern warm bleiben.«

Lauter Eierwärmer

Eine Stricklieselkordel in Schneckenwindungen übereinander als Eierwärmer zusammennähen.

Wenn man einen bunten Faden durch ein Stück Stoff zieht, entsteht im Nu ein Kopftuch für lustige Eiergesichter.

Du kannst auch Mini-Pudelmützen stricken. Bommel aus Wolle wickeln und oben aufnähen.

»Aber wir essen sie doch immer gleich, wenn sie getutet haben, und da sind sie kochend heiß.«
»Also gut«, sagt Annerose, »kriegst du eben keinen Eierwärmer gehäkelt.« Plötzlich fängt sie an zu weinen. »Du hast mir die ganze Freude verdorben.«

Dieser Filzgockel wird zweimal zugeschnitten und dann mit einfachen Stichen an den gezeigten Stellen zusammengenäht.

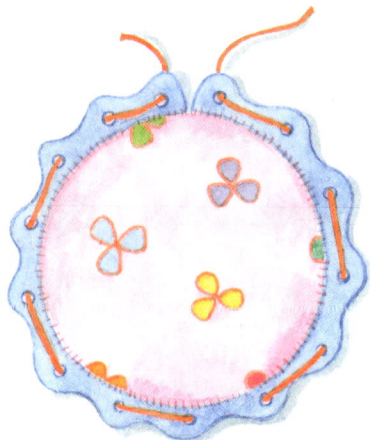

Aus Stoff wird ein Kreis ausgeschnitten, rundherum geheftet und dann zu einem »Omahäubchen« zusammengezogen ...

... oder man macht daraus ein Säckchen.

Mutter langt in den Henkeltopf und drückt Annerose und Schnüpperle einen Bonbon in die Hand. »Schnüpperle kann sich das eben nicht vorstellen«, sagt sie. Dann setzt sie ein Ei in den Eierbecher und deckt es mit ihrer Hand zu. »Hier, Schnüpperle, so kommt der Eierwärmer drüber.« Schnüpperle nickt. »Aber wenn die Eier im Kocher getutet haben, verbrennst du dir die Finger dran.«
»Ich schon, aber die Eierwärmer nicht. Und außerdem soll es zu Ostern auf dem Tisch besonders hübsch aussehen. Als ich noch klein war, hab ich auch mal Eierwärmer gemacht, aber mit der Strickliesel. Die hat Oma heute noch.«
»Ja, ich weiß«, sagt Annerose, »die sind gelb mit grünem Rand, nicht?«
»Ach, die«, ruft Schnüpperle, »jetzt weiß ich's. Das hättet ihr mir doch gleich sagen können.«
»Aber meine werden noch viel schöner«, sagt Annerose, »meine werden oben mit Rüsche gearbeitet und sind zum Zusammenziehen.«
»Genau wie die Bettschuhe für Oma«, sagt Schnüpperle, »die hast du auch oben mit Rüsche gearbeitet. Und weil sie zum Zusammenzuziehen waren, haben sie sogar Purzel gepasst. Ich hab's probiert.«

»Was«, schreit Annerose, »Purzel hat Omas Bettschuhe an seinen dreckigen Pfoten gehabt?«
»Purzels Pfoten waren überhaupt nicht dreckig, sonst hättest du's doch gemerkt, und ich hab sie ihm auch gleich wieder ausgezogen.«
»Wenn du das mit meinen Eierwärmern auch machst, Schnüpperle, dann kannst du aber was erleben.«

Das Osterhasenkasperle

Vier Wochen vor Ostern muss Vater verreisen. Mutter soll auch mitkommen, weil es bloß für ein paar Tage ist.

»Wie lange ist ein paar Tage?«, fragt Schnüpperle.

»Von Mittwoch bis Sonntag«, sagt Mutter. Sie nimmt Schnüpperles Hand und zählt ihm die Tage an den Fingern ab.

»Das ist aber ganz lange, Mutter.«

»Aber, Schnüpperle, ihr seid doch nicht alleine, Oma kommt doch zu uns.«

»Nein«, sagt Schnüpperle, »bloß zu mir und Annerose. Du bist ja nicht da und Vater auch nicht.«

»Aber du freust dich doch sonst immer so, wenn Oma kommt.«

»Tu ich ja auch, aber wenn du so weit weg bist, Mutter.«

»Wir können doch miteinander telefonieren. Am Morgen frag ich dich, ob du was Schönes geträumt hast, und abends sag ich dir gute Nacht.«

»Und was fragst du mich vormittags, Mutter, und nachmittags?«

»Das weiß ich noch nicht.«

»Gehst du immer mit Vater spazieren?«

»Nicht immer, Vater hat doch zu tun.«

»Und wenn du dich alleine verläufst, Mutter?«

»Aber, Schnüpperle, du brauchst keine Angst zu haben. Ich verlaufe mich auch ohne Vater nicht.«

Am Abend vor der Abreise, als Mutter das Licht ausgeschaltet hat, sagt Schnüpperle: »Annerose, mir ist angst und bammel, dir auch?«

»Ich kann auch nicht einschlafen«, sagt Annerose, »und weißt du, warum? Weil ich immerfort dran denke, wie sehr wir uns freuen werden, wenn Vater und Mutter wiederkommen.«

Kaum ist Oma am anderen Tag im Haus, da hat Schnüpperle seinen Abschiedsschmerz schon halb vergessen, und als sie ein neues Geschichtenbuch auspackt, können Vater und Mutter ruhig ins Auto steigen und fortfahren.

»Ich hab noch eine kleine Überraschung für dich«, sagt Oma.

»Oh, fein, ich dreh mich gleich um und kneif die Augen zu.«

Schnüpperle hört es rascheln, und als er die Augen aufmacht, sieht ihn ein kleiner weißer Plüschosterhase an. Er sitzt auf Omas Hand.

»Oma«, ruft Schnüpperle, »das ist ja ein Osterhasenkasperle.«

Oma steckt den Hasen auf Schnüpperles Finger und Schnüpperle lässt ihn gleich nicken und bitte, bitte machen.

»Ach, Oma«, ruft Schnüpperle, »du bist ja eine richtige Osterhasenkasperleoma.« Dann drückt er Oma und sagt: »Weißt du, was ich jetzt spielen möchte? Eierlegen.«

»Oha, wie willst du denn das machen?«

»Das weiß ich noch nicht.« Dann geht er die Treppe hinauf und kramt in seiner Spielzeugkiste. In der Küche rührt Oma einen Kuchen an.

Zwischendurch ruft sie immer wieder: »Bist du noch oben, Schnüpperle?«

»Jaha, ich mache Überraschung.«

Dann kommt Schnüpperle die Treppe herunter. Oma muss sich hinsetzen und Schnüpperle rückt ganz nahe an sie heran. Den Arm mit dem weißen Osterhasen stützt er auf Omas Knie.

»Guten Tag, Oma«, sagt er, »ich bin der Hase Maxi. Ich möchte für dich ein schönes Osterei legen, weil du so eine liebe Schnüpperleoma bist.«

»Da freu ich mich aber, Maxi.«

Schnüpperle lässt Maxi mit dem Kopf wackeln, dann klopft sich Maxi mit den Pfoten auf seinen Bauch und sagt: »Aufgepasst, gleich geht's los.« Und schon fällt Oma eine längliche Kugel in die aufgehaltene Hand.

»So ein schönes Osterei«, sagt Oma, »ich muss mir bloß meine Brille aufsetzen. Es ist ja etwas klein, nicht?«

»Ich bin ja auch ein kleiner Osterhase, ich kann noch nicht so große Eier legen. Und das erste war's auch. Ich muss mich erst einlegen.«

»Das stimmt«, sagt Oma, »es wird schon besser werden. Und ich dank dir auch schön, Maxi.«

Schnüpperle zieht sich den Hasen von der Hand herunter. »Weißt du, wie ich's gemacht hab, Oma?«

Oma denkt nach. Dann sagt sie: »Dass du das Ei geknetet hast, das seh ich. Aber wie du's gemacht hast …?«

»So, Oma, so!« Schnüpperle hebt die Hand hoch, den kleinen Finger macht er krumm. »Hier hat's gesteckt.«

»Aha«, sagt Oma, »aber es ist wirklich schade, dass man das Ei nicht essen kann.«

»Aber ich hab doch bloß Knete, Oma, und wenn's größer wäre, könnt ich's doch mit dem kleinen Finger nicht festhalten.«

»Das stimmt«, sagt Oma, »aber weißt du, was wir jetzt machen? Wir gehen zum Kaufmann und holen richtige Ostereier.«

»Die sind doch alle zu groß für mich, Oma.«

»Wir probieren das aus. Komm, schnell, Annerose kommt bald heim, und dann lässt du den Maxi noch einmal Eier legen.«

Bei Pipo kaufen sie eine Tüte voll Ostereier. Schnüpperle probiert vorher aus, welche er am besten mit dem kleinen Finger festhalten kann. Die Leute im Laden stehen drum herum und gucken zu. Als Schnüpperle sagt: »Die, Oma, die Eier hier kann ich am besten legen«, fangen sie an zu lachen.

Annerose kommt aus der Schule und Schnüpperle hält es nicht länger aus. Er lässt Maxi um die Tür gucken.

»Guten Tag, Annerose, ich bin der Osterhase Maxi und ich warte schon auf dich, weil ich dir ein schönes Osterei legen will.«

»Ein Osterei legen, das kannst du bestimmt nicht.«

»Doch, setz dich mal auf den Stuhl, damit ich mich ein bisschen aufstützen kann.« Wieder macht es Schnüpperle so wie bei Oma. Er wackelt mit dem Kopf, streicht sich mit den Pfoten über den Hasenbauch, und auf einmal fällt in Anneroses aufgehaltene Hand ein Schokoladenei.

»Schnüpperle, das ist ja sagenhaft«, ruft Annerose.

»Ich heiß doch Maxi«, piepst Schnüpperle, »und wenn ich dir noch ein Osterei legen soll, brauchst du bloß einen Augenblick zu warten.«

Schnüpperle ist schon wieder hinter der Tür verschwunden. Annerose und Oma hören ihn rumoren, dann erscheint er wieder. »Soll ich jetzt noch ein Ei legen oder nicht?«

»Bitte«, sagt Annerose. Es dauert wieder ein bisschen, dann fällt in Anneroses Hand ein Ei aus Marzipan. Das sieht so ähnlich aus wie das erste Ei, das Schnüpperle für Oma aus Knete zusammengedrückt hat.

»Oje«, sagt Annerose, »das ist aber eine schöne Pampe. Mein lieber Mann, was hast du denn mit dem Ei gemacht?«

»Leider warm geworden in meiner Hosentasche«, sagt Schnüpperle, »aber schmecken tut's bestimmt genauso gut, als wenn's noch richtig eierig wäre.«

Aus Teddystoff, Filz und anderem
kuscheligem Stoff kannst du dir selber
einen Osterhasenkasper basteln,
wenn Mutter oder Oma dabei helfen.

» Handschuh « zweimal zuschneiden,
die Ohren viermal.
Ohren zusammennähen und wenden.
Oben am Kopf zwischen die Naht heften.
Rundherum Kopf und Körper zusammennähen.
Unten auflassen, damit man mit der Hand
hineinschlüpfen kann.
Als Augen dienen zwei Knöpfe aus
der Knopfschachtel.
Nase und Hasenscharte mit brauner
oder schwarzer Wolle aufsticken.

April

April, April

Vater klinkt leise die Tür auf.

»Aufstehen, Schule gehen«, singt er. Dann geht er ans Fenster und zieht den Vorhang zurück. Plötzlich ruft er: »Ja, was ist denn das? Ja, wie ist denn so etwas möglich?«

Annerose und Schnüpperle tauchen aus den Betten auf.

»Was ist denn, Vater?«

»Annerose, Schnüpperle, das glaubt ihr nicht. In unserem Garten steht ein Storch.«

Im nächsten Augenblick sind die beiden aus ihren Betten und Mutter kommt auch noch zur Tür herein.

»Wo ist er denn, Vater?«, ruft Schnüpperle.

»Ich seh ihn gar nicht«, ruft Annerose.

Da fängt Vater furchtbar an zu lachen. »April! April!«, ruft er, »das ist mir aber geglückt.«

»Ach ja«, ruft Annerose, »heut ist ja der 1. April. Da darf man jeden anführen, sogar die Lehrer. Und das mit dem Storch, das mach ich gleich in der Schule.«

»Und ich mach es mit Susanne und Frau Kasseroll«, sagt Schnüpperle.

»Mit Frau Kasseroll auch?«, fragt Mutter.

»Na klar, heut ist doch erster April.« Dann tuscheln sie miteinander.

Als Vater an den Frühstückstisch kommt, ruft Schnüpperle: »Vater, du hast dich ja überhaupt noch nicht gekämmt.«

»Na, so was«, sagt Vater und dreht wieder um. Als er bei der Garderobe in den Spiegel guckt, ruft Schnüpperle: »April! April!«

Kaum sind Vater und Annerose gegangen, wartet Schnüpperle am Fenster auf Susanne. Im Nebenhaus bleibt alles still. Dann hört Schnüpperle, wie Frau Kasseroll die Fußmatte ausklopft.

»Geh ich eben erst zu Frau Kasseroll«, murmelt Schnüpperle vor sich hin und ist auch schon unterwegs.

»Frau Kasseroll«, Schnüpperle legt geheimnisvoll seinen Zeigefinger auf den Mund, »Frau Kasseroll, hast du schon gesehen?«

»Was soll ich denn gesehen haben, Schnüpperle?«

»Einen Augenblick, ich komme rüber und zeig's dir.«

Schnüpperle nimmt Frau Kasseroll an der Hand und flüstert: »Bei uns im Garten steht ein Storch, ein ganz großer Storch.«

»Was«, fragt Frau Kasseroll, »wirklich?« Sie lässt sich von Schnüpperle ins Wohnzimmer ziehen.

»Wo steht er denn?«, fragt sie. »Ich kann ihn nicht entdecken.«

Und schon lässt Schnüpperle ihre Hand los und ruft: »April! April!«

»Na, du bist mir ja vielleicht ein kleiner Schwerenöter«, ruft Frau Kasseroll, »mich so in den April zu schicken.« Dann schenkt sie Schnüpperle eine Hand voll Bonbons.

»War gut, nicht? Ist von Vater«, sagt Schnüpperle.

»Das musst du mit deinem Mann auch machen.«

Auf dem Heimweg trifft er die Zeitungsfrau.

»Hast du schon unseren Storch gesehen?«, fragt er.

»Was denn für einen Storch?«

»Na, der Storch, der seit heute früh bei uns im Garten steht.«

»Ein Storch, ein richtiger Storch?«

»Hmm«, macht Schnüpperle, »musst mal mit reinkommen.«

Auf einmal fängt die Zeitungsfrau an zu lachen.

»Ach, ich weiß schon«, sagt sie, »April, April.« Sie steckt Schnüpperle die Zeitung unter den Arm.

An der Haustür klingelt Schnüpperle Sturm.

»Hier«, sagt er, »hab ich von Frau Kasseroll gekriegt, weil ich sie in den April geschickt habe. Sie hat sich ganz doll gefreut und sie hat gesagt, ich bin ein kleiner Scherenschleifer.«

Mutter muss furchtbar lachen. »Also, das hat sie bestimmt nicht gesagt.«

»Doch, Mutter, das hat sie gesagt.«

Mutter faltet die Zeitung auseinander und Schnüpperle legt die Bonbons auf den Tisch.

»Das sind aber viele«, sagt er, »Donnerwetter und so schön eingepackt.«

In diesem Augenblick lässt Mutter die Zeitung fallen.

»Schnüpperle«, ruft sie, »hier ist ja ein großes Bild von dir in der Zeitung. Und daneben steht: ›Wer kennt diesen Jungen? Wir suchen ihn.‹«

Vor Aufregung lässt Schnüpperle zwei Bonbons unter den Tisch fallen. »Wo steht denn das, Mutter, zeig mal, wo ist denn das Bild?« Schnüpperle stolpert richtig. Dann guckt er mit Mutter in die Zeitung.

»Hier«, sagt sie und dann ruft sie: »April, April!«

»Ach, du«, sagt Schnüpperle, »ach, du!« Dann nimmt er ein Bonbon und sagt: »Das schenk ich dir, Mutter, weil du's so gut gemacht hast.«

Während Mutter Zeitung liest, isst Schnüpperle seine Bonbons. Eins packt er für Purzel aus. Er beißt es an und sagt: »Ja, das kannst du kriegen, schmeckt genauso wie das im Silberpapier.«

Dann hört Schnüpperle jemanden auf das Haus zukommen. Er rennt ans Fenster.

»Mutter«, ruft Schnüpperle, »der Briefträger kommt. Er hat ein großes Paket unter dem Arm.«

Mutter wirft die Zeitung hin und geht zur Tür. In diesem Augenblick fallen zwei Briefe durch den Briefkastenschlitz. Mutter macht die Tür auf. »Und das Paket?«, fragt sie.

»Was denn für ein Paket?«, sagt der Briefträger.

»Schnüpperle hat doch gesagt …«

»April! April!«, ruft Schnüpperle. Dann lachen sie alle drei und der Briefträger sagt: »Na, du bist mir vielleicht einer.«

Nachdem der Briefträger gegangen ist, hält es Schnüpperle nicht mehr aus. Er muss jetzt zu Susanne.

»Gut«, sagt Mutter, »aber lehn die Haustür nur an, dann kannst du rein, wenn du zurückkommst. Ich geh mir jetzt die Haare waschen.«

Schnüpperle geht die Treppe vor dem Haus hinunter und Mutter geht die Treppe im Haus hinauf. Als sie gerade den Kopf voller Seifenschaum hat, ruft Schnüpperle: »Mutter, der Schornsteinfeger ist da.«

»Ja, ja«, sagt Mutter, »das macht nichts, er kann ruhig ein bisschen warten.«

»Soll er sich hinsetzen, Mutter?«

»Ja, er soll sich hinsetzen.«

»In die Küche oder draußen auf die Treppenstufen?«

»Das ist egal«, sagt Mutter. Sie spült sich den Kopf ab und fängt noch einmal an die Haare einzuseifen.

Plötzlich ruft Schnüpperle: »Mutter, dauert's noch lange? So viel Zeit hat der Schornsteinfeger nämlich nicht.«

»Ja, ja«, sagt Mutter, »das glaub ich. Hast du ihm eigentlich schon die Geschichte mit dem Storch erzählt?«

»Nein«, ruft Schnüpperle, »aber das mach ich jetzt.«

Nach einer Weile ruft Schnüpperle: »Mutter, jetzt musst du aber kommen, der Schornsteinfeger hat gesagt, länger kann er nicht warten. Er will jetzt sein Geld.«

»Wieso denn Geld?«, fragt Mutter und dreht den Wasserhahn ab. Dann langt sie nach einem Handtuch, schlägt es sich um den Kopf und kommt eilig die Treppe herunter.

»Du liebe Zeit«, ruft sie, »hier ist ja wirklich ein Schornsteinfeger. Ich hab gedacht, Schnüpperle will mich in den April schicken.«

»Tja«, sagt der Schornsteinfeger, »bei diesem Bürschchen ist immer alles möglich. Mir hat er was von einem großen weißen Storch erzählt.«

Der Eierbaum

»Du kannst dir überhaupt nicht vorstellen, wie sehr ich mich auf unseren Eierbaum freue«, sagt Annerose.

»Ich auch«, sagt Schnüpperle. »Genauso doll wie auf den Osterhasen.«

»Auf den Osterhasen! Püh!«, macht Annerose.

»Du sollst nicht immer püh sagen!«, schimpft Schnüpperle. »Das macht mich noch ganz verrückt. Und beim Osterhasen erst recht! Du wirst schon sehen, wenn er dir nichts versteckt. Aber ich geb dir nichts von meinem ab, püh – püh – püh!«

»Sprudel nicht so!«, ruft Annerose. »Du hast mich richtig angespuckt.«

Schnüpperle und Annerose sitzen am Tisch. Sie haben Anneroses Tuschkasten zwischen sich stehen und jeder hat einen Wassertopf und eine Untertasse vor sich. Vor allem aber liegen auf dem Tisch viele Eier. In jedem sind zwei kleine Löcher, oben eins und unten eins. Mutter hat die Eier ausgeblasen, denn sie wollen zum Osterfest im Garten einen Baum damit schmücken.

Annerose und Schnüpperle malen die Eier an. Schnüpperle malt mit grüner Farbe, Annerose mit gelber.

»Ich werde schon was kriegen«, sagt Annerose.

»Und püh habe ich bloß gesagt, weil man den Osterhasen nicht sehen kann. Den Eierbaum können wir immerfort sehen.«

»Vater hat gesagt, den Osterhasen kann man auch sehen, wenn man ganz zeitig aufsteht«, sagt Schnüpperle.

»Wir verschlafen aber immer«, sagt Annerose.

»Ich verschlaf nicht«, sagt Schnüpperle. »Vater hat mir nämlich verraten, wie man's machen muss, damit man nicht verschläft.«

»Ja?«, fragt Annerose. »Wie muss man's denn machen?«

»Sag ich nicht, ist Geheimnis.«

»Och, Schnüpperle, sag's doch.«

»Denk nicht dran.«

»Bitte!«

»Höchstens, wenn du mir den Pinsel sauber machst. Will nämlich jetzt Rot nehmen, Grün hab ich satt!«

»Du hast ja erst drei grüne Eier fertig. Und wie du aussiehst, ganz grüne Hände hast du und deine Arme sind auch voll.«

»Schadet doch nichts, jetzt kommt Rot drauf, da sieht man's ja nicht mehr.«

Als sie neue Farbe angerührt haben, fällt Annerose das Aufwachen wieder ein.

»Also sag's jetzt, Schnüpperle.«

»Man muss …«, flüstert Schnüpperle. »Aber du darfst es nicht Susanne sagen, sonst macht sie's auch. Also man muss mit dem großen Zeh feste ans Bett klopfen, dreimal oder viermal oder so. Dort unten, wo die Füße sind, muss man dranklopfen und dann wacht man um drei auf oder um vier oder so, hat Vater gesagt. Man verschläft bestimmt nicht, unter Grantatie.«

»Unter was?«, fragt Annerose.

»Unter Grantatiii!«, schreit Schnüpperle. »Warum lachst du denn so, Annerose? Hör auf zu lachen! Du sollst aufhören!«

Schnüpperle gerät richtig in Wut und sein Hund, der unter dem Tisch liegt, fängt an zu bellen. Weil Annerose immer weiterlacht, nimmt Schnüpperle sein rotes Ei und wirft es Annerose mitten ins Gesicht.

»Schnüpperle, du bist gemein!«, brüllt Annerose und wirft ihr gelbes Ei nach Schnüpperle.

»Dir werd ich's schon geben!«, schreit Schnüpperle und schmettert ihr noch ein Ei an den Kopf.

»Tor!«, ruft es von der Tür her. Das ist Vater.

»Schnüpperle hat angefangen!«, schreit Annerose.

»Annerose hat mich ausgelacht!«, schreit Schnüpperle. Und Purzel bellt dazu wie wahnsinnig.

»Wenn ihr so weitermacht, bekommen wir in diesem Jahr keinen Eierbaum mehr«, sagt Vater. Aber sie bekommen doch einen, denn Vater hilft jetzt mit beim Anmalen. Als alle fertig sind, bringt Mutter die Garnrolle und schneidet gleich lange Fäden ab. Schnüpperle und Annerose brechen Streichhölzer in der Mitte durch, Vater knüpft die Fäden daran und Mutter schiebt sie vorsichtig in die Eier hinein.

Am letzten Nachmittag vor dem Osterfest gehen sie alle zusammen in den Garten. Vor der Terrasse steht ein kleiner Kirschbaum. Er hat noch kein einziges grünes Blatt. Mutter behängt die unteren Zweige, Vater die oberen, weil er größer ist. Mit jedem Augenblick wird der kahle Baum bunter und schöner.

»Vater«, ruft Schnüpperle, »obenhin musst du lauter rote Eier hängen, die leuchten so schön.«

»Lauter rote – püh!«, sagt Annerose. »Wie sieht denn das aus! Du hast doch keine blasse Ahnung, Schnüpperle. Alle Farben müssen durcheinander kommen. Das ist viel schöner.«

Schnüpperles und Anneroses Eierbaum. Findest du zwei Eier, die genau gleich sind?

»Aber die roten hab ich angemalt und die leuchten am besten«, sagt Schnüpperle.

»Die gelben leuchten noch mehr«, sagt Annerose, »und die hab ich angemalt.«

»Sie leuchten alle gleich«, sagt Mutter, »seht ihr denn das nicht?«

Walpumpelsnacht

Schnüpperle sitzt auf den Stufen vor der Haustür. Neben ihm sitzt sein Hund. Schnüpperle lutscht an einem großen, roten Lolli. Alle Augenblicke hält er ihn Purzel hin und Purzel leckt auch ein paar Mal drüber.

Nebenan steckt die Zeitungsfrau bei Kasserolls die Zeitung in den Briefkasten. Jetzt sieht sie Schnüpperle sitzen.

»Ach«, ruft sie, »da kann ich dir die Zeitung ja gleich – Schnüpperle, was machst du denn da?«

Schnüpperle nimmt den Lolli nicht aus dem Mund. »Holli hutschen.«

»Ja, das sehe ich, aber du hast doch gerade dem Hund – du kannst doch nicht –«

»Schimmt«, macht Schnüpperle. Dann nimmt er den Lolli raus und sagt: »Ich bin für Frau Kasseroll einkaufen gewesen und da hat sie gesagt, ich darf mir einen großen Lolli kaufen. Aber ich hab keinen ganz großen gekauft, bloß so einen aus der Mitte, ich hab noch einen für Purzel genommen, einen kleinen.«

»Das war ja nun wieder nett von dir«, sagt die Zeitungsfrau.

»Eben«, sagt Schnüpperle. »Ich bin so ein Guter. Aber Purzel hat seinen ganz schnell aufgefressen und jetzt guckt er immer so. Da lass ich ihn eben mitlecken. Aber dass du's nicht weitersagst.«

»Sag ich nicht. Das machst du aber nicht noch mal, davon kannst du krank werden.«

»Warum denn?«

»Weil Purzel vielleicht Würmer hat.«

»Würmer?« Schnüpperle lacht. »Purzel hat doch keine Würmer auf der Zunge.«

»Natürlich nicht, aber – hinten beim Schwanz.«

»Aber seine Zunge ist doch nicht hinten, die ist doch vorne.«

»Also, Schnüpperle, du hörst auf damit, sonst klingel ich und sag's deiner Mutter.«

»Bitte nicht«, sagt Schnüpperle und steckt den Lolli in die Hosentasche. »Du, Zeitungsfrau, hast du schon mal eine richtige Hexe gesehen?«

»Richtige Hexen gibt's überhaupt nicht.«

»Gibt es doch!«

»Ach, Schnüpperle, was du immer so erzählst!«

»Kannst du sogar selber sehen, morgen Abend in der Schule.«

Die Zeitungsfrau fängt an zu lachen.

»Brauchst du gar nicht zu lachen. Weißt du, wer eine richtige Hexe ist? – Annerose.«

»Wie bitte?«, fragt die Zeitungsfrau.

»Ja, da staunst du. Soll ich dir mal den Besen zeigen, auf dem sie reitet? Der ist nämlich schon fertig. Und willst du auch wissen, was sie dazu für einen Spruch sagt, damit es losgeht?«

Die Zeitungsfrau nickt.

»Also«, sagt Schnüpperle, »das geht so:

Besen halb, Besen ganz,
trage mich zum Hexentanz.

Das muss Annerose immerfort sagen, immerfort, und dann machen sie alle huiii – huiii – huiii – Annerose und die anderen Hexen und dann wird alles auf einmal finster gemacht, nur noch so ein kleines bisschen Licht bleibt, sonst könnte man ja nichts sehen und dann kommen alle Hexen auf dem Bockelberg an, von allen Seiten …«

»Wo kommen sie an?«

»Auf dem Bockelberg. Den machen sie aus einem Tisch und Stühlen und Decken drüber.« Und dann reiten sie auf ihren Besen immer ringsherum und singen dazu:

Besen groß, Besen klein,
trage uns zum Tanz recht fein.
Besen groß, Besen klein,
trage uns …«

»Also, Schnüpperle, jetzt musst du mir aber mal sagen, was das alles zu bedeuten hat.«
»Na, das ist doch morgen in der Schule. Das hat alles Frau Buschmann gemacht, weil morgen nämlich Walpumpelsnacht ist. In der Walpumpelsnacht reiten alle Hexen zum Bockelberg und dort warten schon der Teufel und die Oberhexe. Und weißt du, wer die Oberhexe ist? Frau Buschmann selber. Aber sie wissen alle noch nicht, wie Frau Buschmann aussehen wird. Das will sie ihnen nämlich nicht verraten, das soll die Überraschung sein. Und stell dir vor, der Teufel tanzt mit der Oberhexe und springt rum mit ihr wie verrückt. Und weißt du, wer der Teufel ist? Luberwitzkas Bruder. Der hat zuerst gar nicht wollen, der hat gesagt: ›So 'n blöder Weiberkram.‹ Aber Frau Buschmann hat ihn rumgekriegt. Und wenn's dann donnert und blitzt und das Feuer brennt …«
»Feuer? Wo soll denn das Feuer herkommen in der Schule?«
»Das machen sie mit einer Allu-, mit einer Illu-, also mit einer Mation machen sie das und das wird ganz groß. Und weißt du, was die Hexen dann machen? Dann setzen sie sich alle um den Bockelberg und in der Mitte stehn die Oberhexe und der Teufel und dann beraten sie, wie sie die Leute ärgern können: Zahnschmerzen, Bein verknackst, Arm brechen, Lehrer ärgern und alles so was. Das flüstern sie den Kindern ins Ohr und dann …«
»Ach, du meine Güte«, sagt die Zeitungsfrau, »jetzt weiß ich überhaupt erst, wovon du redest. Morgen ist der dreißigste April und da ist Walpurgisnacht, Hexentreffen auf dem Blocksberg.«
»Ja«, sagt Schnüpperle, »genauso. Und Annerose kriegt einen roten Rock und ein rotes Kopftuch. Und das Allerschönste ist um Mitternacht. Da kommt nämlich die Maikönigin und macht ssst –

ssst – ssst – und alle Hexen müssen davonreiten und haben überhaupt nichts mehr zu sagen. Und der Teufel auch nicht. Und weißt du, wer die Maikönigin ist? Die Luberwitzka. Und sie kriegt eine Krone aus Blüüüten, hat Annerose gesagt, Blüüüten. Ich weiß nicht, was das ist, aber es soll sehr schön aussehen. Und dann kriegt sie noch eine weiße Wand – es heißt ein bisschen anders –«
»Ja, ich weiß schon, eine Blütenkrone und ein weißes Gewand«, sagt die Zeitungsfrau.
»Stimmt«, sagt Schnüpperle. »Und wenn du willst, kannst du auch mitkommen.«
»Wahrhaftig? Und wann geht's los?«
»Abends um acht. Und wer kommt, soll eine Kerze mitbringen, damit's so richtig schön schummrig wird und gruslig. Und weißt du, was sie singen müssen, wenn die Maikönigin kommt?

Hui, hui, haus,
unsre Macht ist aus!
Hui, hui, haus,
unsre Macht ist aus!«

»Mein lieber Mann«, sagt die Zeitungsfrau, »da hast du mir ja wieder was erzählt, Schnüpperle.«

Mai

Der Mai ist gekommen

Annerose singt:

De-her Mai ist gekommen,
die Bäume schlagen aus,
Da-ha bleibe, wer Lust hat,
mit So-horgen zu Haus.

»Was ist denn das für ein Herr Mai? Und warum schlagen denn die Bäume aus, wenn er kommt?«
»Schnüpperle, hau ab!«, schreit Annerose.
»Warum?«
»Weil es überhaupt keinen Herrn Mai gibt.«
»Aber du singst es doch.«
»Nein. Ich singe: Deher Mai …«
»Na, siehst du.«
»Kann ich was dafür, wenn die Melodie so einen Hopser macht, dass es sich anhört wie Herr Mai? Es heißt: ›Der Mai ist gekommen‹, und fertig.«
»Und warum schreist du mich so an? Das kann ich doch nicht wissen.«
»Aber jetzt weißt du's und jetzt lass mich in Ruhe, sonst nehm ich dich nicht mit zum Maibaumschmücken.«
»Hach«, ruft Schnüpperle. »Mutter fährt uns doch hin, da kannst du gar nichts bestimmen.«
Gleich nach dem Mittagessen setzen sich Mutter, Annerose und Schnüpperle ins Auto, Purzel darf auch mit.
»Was soll eigentlich bei Ludowika alles vor sich gehen?«, fragt Mutter.
»Zuerst wird in den Wald gefahren und der Baum

abgesägt«, sagt Annerose. »Dann müssen alle Äste abgeschlagen werden und danach wird der Maibaum mit dem Trecker auf den Bauernhof gefahren. Dort haben sie schon das Loch gegraben, wo er reinkommt, und alles zurechtgemacht, damit er nicht umfallen kann. Und dann müssen wir die Krone mit bunten Bändern schmücken. Erst dann wird der Maibaum aufgestellt. Und weil Ludowikas Vater was Besonderes ist im Sportverein, deshalb kommen die Leute von der Zeitung und fotografieren alles.«
Auf dem Bauernhof steht der Trecker mit dem Anhänger schon bereit und ein paar Männer vom Sportverein sind auch da. Sie sagen alle Guten Tag zueinander und dann klettern sie auf den Anhänger. Purzel wird auch hinaufgehoben und Schnüpperle darf neben Ludowikas Bruder auf dem Trecker sitzen.
Nach einer halben Stunde Fahrt sind sie da. Ludowikas Vater hat den Baum schon ausgesucht. Es ist eine kerzengerade Fichte mit einer schönen Krone obendrauf. Ludowikas Vater verteilt die Äxte, dann fängt er zu sägen an. Alle stehen drum herum und sehen zu. Zuerst tut sich gar nichts. Aber auf einmal fängt der Stamm an zu knacken.
»Die Kinder beiseite!«, rufen die Männer.
»Beiseite! Haltet den Hund fest!« Jetzt neigt der Baum sich langsam, es knistert, es knackt und mit einem riesigen Krachen und Poltern fällt der Baum um.
»Hurra!«, rufen alle und klatschen in die Hände.

Gemüse – und alles bilogisch

»Schnüpperle! – Schnüüperle! – Schnüüüperle!«
Susanne steht am Zaun und ruft.
Schnüpperle kommt zur Tür heraus. »Was ist denn
los? Was willst du denn?«
»Ich muss dich was fragen, Schnüpperle.«
»Hab keine Zeit.«
»Es dauert nicht lange. Komm doch mal her!«
»Was willst du denn?«, fragt Schnüpperle.
»Ich möchte wissen, was ihr vorhin alle im Garten
gemacht habt, dein Vater und deine Mutter und du
und Annerose und Purzel. Und dann möchte ich
wissen, warum dein Vater solche Holzstangen
reingehauen hat, und Herr Kasseroll hat auch
immer danebengestanden. Baut ihr was?«
»Nein«, sagt Schnüpperle, »wir bauen nichts, aber
wir machen was ganz Dolles.«
»Was denn?«
»Wir machen selber Gemüse.«
»Gemüse? Was für Gemüse?«
»Na, eben Gemüse«, sagt Schnüpperle, »Salat und
Tomaten und Bohnen und Gurken und Radieschen
und …«
»Ach so«, sagt Susanne, »bloß so was. Das kriegt
man doch alles bei Pipo und am Freitag auf dem
Wochenmarkt.«
»Weiß ich doch«, sagt Schnüpperle, »aber wir
machen das jetzt alles selber, und zwar bilogisch.
Das hat Vater gesagt. Wir wollen nicht immer bloß
Bespritztes essen, so.«
Susanne lacht. »Bespritztes! Unsere Tomaten sind
auch nicht bespritzt, die sind immer ganz trocken.«

»Unsere auch, aber bespritzt sind sie doch, man
sieht's bloß nicht. Und für mich näht Mutter eine
schöne grüne Gärtnerschürze. Ich krieg nämlich
ein Beet für mich selber. Kann ich drauf pflanzen,
was ich will.«
»Und was willst du drauf pflanzen?«
»Weiß ich noch nicht.«
»Und warum hat dein Vater solche Holzstangen in
die Erde gepocht?«
»Weil er dort einen Zaun ziehen will.«
»Warum?«

Bei mir ist's M wie Maus

Für Schnüpperles Gartenschürze braucht man grünen Schürzenstoff, etwas geblümten Stoff und Schürzenbändel. Oben wird ein großes, schönes S für Schnüpperle gestickt.

»Damit Purzel nicht in unseren Gemüsegarten pinkeln kann und Knirpsi auch nicht, wenn er rüberkommt. Sonst ist's nämlich nicht mehr biologisch, sagt Vater.«

»Und warum war Herr Kasseroll mit dabei?«

»Weil er Vater helfen will mit Rattatat.«

»Mit Rattatat? Ist das auch Gemüse?«

»Ganz bestimmt. Denn bei Kasseroll haben sie ja schon einen Gemüsegarten. Und so einen wollen wir auch.«

In diesem Augenblick kommt Annerose aus dem Haus gerannt. »Was du wieder erzählst«, ruft sie. »Herr Kasseroll hat überhaupt nicht Rattatat gesagt. Er hat gesagt, wenn Vater möchte, will er ihm gerne zur Seite stehen ›mit Rat und Tat‹. Und jetzt komm rein, Schnüpperle, wenn du mit einkaufen gehen willst.«

»Was wollt ihr denn einkaufen?«, fragt Susanne.

»Ganz viel«, sagt Schnüpperle. »Vater kauft sich einen großen Grabespaten und ich krieg einen kleinen. Und außerdem kauft er sich noch einen großen Rechen …«

»Und du?«, fragt Susanne.

»Ich krieg einen kleinen«, sagt Schnüpperle. »Und für Mutter kaufen wir eine Särolle …«

»Eine Sehrolle?«, ruft Susanne. »Wieso denn? Wenn deine Mutter nicht gucken kann, dann braucht sie doch eine Brille.«

»Ach«, macht Annerose, »du hast ja keine Ahnung. Mutter braucht eine Säääärolle, damit nicht zu viel kleine Körner auf eine Stelle fallen.«

»Was denn für kleine Körner?«, fragt Susanne.

»Samenkörner«, sagt Annerose. »Wenn sie zum Beispiel Spinat säen will.«

»Spinat?« Susanne lacht schon wieder. »Der hat doch ganz große Blätter, der hat doch keine kleinen Körner.«

»Ach, du hast ja keine Ahnung«, sagt Annerose. »Aus den kleinen Körnern wachsen doch erst die großen Blätter.«

»Du wirst es schon sehen«, sagt Schnüpperle, »du kannst ja immer gucken kommen.«

»Darauf könnt ihr euch verlassen. Kriegst du auch ein Beet für dich selber, Annerose?«
Annerose nickt.
»Und auch eine grüne Gärtnerschürze?«
»Natürlich. Und Mutter näht eine große Tasche drauf.«
»Warum das denn?«
»Weil man im Garten oft eine Schere braucht oder Schnur oder …«
»Oder eine Schaufel«, sagt Schnüpperle. »Und alles bilogisch.«
»Es heißt überhaupt nicht bilogisch«, ruft Annerose, »es heißt bologisch. Du hast ja keine Ahnung, Schnüpperle.«
»Ich hab Ahnung, Donnerwetter. Vater hat bilogisch gesagt. Und auf meine Gärtnerschürze kommt ein S und auf Anneroses ein A, weil wir so anfangen.«
»Eine grüne Gärtnerschürze möcht ich auch haben«, sagt Susanne.
»Und warum?«, fragt Schnüpperle. »Ihr wollt doch gar kein Gemüse selber machen.«
»Nee«, sagt Susanne, »wir kaufen das. Und jetzt geh ich zu meiner Mutter. Die wollte nämlich wissen, warum ihr alle im Garten gewesen seid.«
Annerose und Schnüpperle gehen auch ins Haus. Aber bevor Susanne die Haustür zumacht, ruft Schnüpperle: »Unser Gemüse heißt bi-bo-lo-gisch. Ich hab Vater grade noch mal gefragt.«

Schnüpperles Beet

Ein Beet mit dem eigenen Namen, würde dir das nicht auch gefallen? Besorge eine Tüte mit Kresse-, Vergissmeinnicht- oder Senfsamen.

Erde mit dem Rechen glätten. Mit einem Stecken die Buchstaben einritzen.

Samen in die Buchstabenrillen säen und nur leicht mit einem Brett in den Boden drücken, nicht mit Erde bedecken. Gut feucht halten. Nun kannst du beobachten, wie der Name wächst.

Die Eismänner sind gefährlich

Schnüpperle und seine Freundin Annelie treten einen Weg zwischen dem Gurkenbeet und dem Bohnenbeet fest. Schnüpperle hat seinen linken Fuß in eine Lederschlaufe gesteckt und die Lederschlaufe ist auf ein kleines Holzbrett genagelt. Und Annelies rechter Fuß steckt auch in einer Lederschlaufe mit einem Holzbrettchen unten dran. Beide gehen sie dicht hintereinander her, bis das Beet zu Ende ist. Dann drehen sie um und gehen zurück und dann machen sie es noch einmal.

»Warum hinkt ihr denn hier so rum?«, ruft Susanne plötzlich. Sie steht am Zaun und guckt zu.

»Wir hinken nicht herum«, sagt Schnüpperle, »wir treten den Weg noch mal fest, weil's so viel geregnet hat. Die Holzschuhe hat mir Herr Kasseroll gemacht, weil ich so kleine Füße habe und weil der Weg nicht so breit werden soll. Und Annelie hab ich einen Schuh abgegeben, weil sie genauso kleine Füße hat wie ich und weil sie so gern mit Gemüse machen will. Und Herr Kasseroll hat gesagt …«

»Herr Kasseroll, Herr Kasseroll«, ruft Suanne. »Immer bloß Herr Kasseroll, ich hab die Nase voll.«

»Oh«, sagt Schnüpperle, »du kannst ja richtig ein Gedicht.«

»Wieso?«

»Na ja, wenn's hinten zusammenpasst, ist's immer ein Gedicht, das weiß ich von Annerose.«

»So ein Quatsch«, ruft Susanne, »ich wollte was ganz anderes. Ich wollte, dass ihr zu mir spielen

kommt, weil ich ein neues Spiel habe.«

»Ein neues Spiel?«

»Ja«, sagt Susanne, »Fischefangen.«

»Fischefangen?«, ruft Annelie. »Ihr habt doch gar keinen Teich.«

»Ach«, macht Susanne ärgerlich, »doch nicht richtig. Meine Oma hat es mir geschickt. Der Teich ist aus Pappe und die Fische auch. Und jetzt sollt ihr rüberkommen. Wer die meisten roten Fische fängt, der hat gewonnen.«

»Gut«, sagt Schnüpperle, »wir sind gleich fertig. Aber zweimal müssen wir schon noch treten, immer an der Schnur lang. Bei bilogisch muss das sein.«

Susanne lehnt sich über den Zaun. »Bilogisch? Habt ihr deshalb auch die komischen Würste auf die Beete gestellt?«

»Das sind keine Würste, Donnerwetter. Das sind Zelte für den Salat und für die Bohnen und die Gurken. Wenn die Sonne scheint, wird's ganz warm drunter und da wachsen sie gut.«

»Und wenn die Sonne nicht scheint?«

»Ist's immer noch warm drunter.«

»Ja«, sagt Annelie, »das hat meine Mama auch gesagt.«

»Und außerdem«, sagt Schnüpperle, »stehen die Eismänner vor der Tür und …«

»Was für Männer stehen vor der Tür?«

»Die Eismänner«, sagt Schnüpperle, »und die sind gefährlich.«

»Haha«, macht Susanne, »gefährlich! Eismänner

stehen in ihrer Bude rum und verkaufen Eis.«
»Solche Eismänner mein ich doch nicht. Diese
Eismänner sieht man überhaupt nicht und zu
verkaufen haben sie auch nichts.«
»Und warum sind sie gefährlich?«
»Weil sie über Nacht kommen und alles kaputt-
machen.«
»Ja«, sagt Annelie, »die sind vom Winter noch
übrig geblieben. Die liegen auf der Lauer und sie
haben ganz lange, weiße Bärte und Pelzmützen
haben sie auf. Ich hab nämlich so ein Buch, da
kann man's sehen.«
»Und wenn sie in den Garten kommen, ist alles
erfroren. Die Blätter sind schwarz und wir können
noch mal pflanzen.«
»Das glaub ich nicht«, sagt Susanne, »es ist doch
jetzt jeden Tag warm.«
»Na, das ist doch gerade so gefährlich«, sagt
Schnüpperle. »Am Tag merkt man nichts und
nachts sind sie da. Deshalb kann man auch Scheineisige zu ihnen sagen.«
»Nein, Schnüpperle«, sagt Annelie, »das weißt du
nicht richtig: Man kann auch Eisheilige sagen.
Oder einfach ›Die drei Bazi‹.«
»Was sind denn das schon wieder für Leute?«
»Na, das sind doch die drei Scheinheiligen«, sagt
Schnüpperle.
»Also, mit euch beiden ist es zum Verrückt-
werden«, ruft Susanne, »jeder sagt was anderes.

Wie heißen sie denn nun wirklich?«
»Das weiß ich nicht«, sagt Schnüpperle, »weil sie
so komische Namen haben.«
»Aber ich weiß es«, sagt Annelie, »sie heißen
Pankratius, Servatius und Bonifatius.«
Susanne tippt sich mit dem Finger an die Stirn.
»Solche Namen gibt's ja überhaupt nicht.«
»Die Eismänner heißen aber so«, sagt
Schnüpperle.
»Puh«, macht Susanne, »Pampelmatius und
Pampelmutius, das könnt ihr mir doch nicht
erzählen.«
»Du brauchst es ja nicht zu glauben, du wirst es
schon sehen.«
»Ja«, sagt Annelie, »und dann kommt nämlich
noch die kalte Sophie.«
»Alte Sophie!« Susanne fängt an zu lachen. »Ist
das die Mutter von den Pampelheinis?«
»Das sind keine Pampelheinis, Donnerwetter«,
schreit Schnüpperle. »Und wenn du's nicht
glaubst, dann kannst du dir deine Fische alleine
fangen. Paster!«
»Na gut«, sagt Susanne, »dann glaub ich's eben.
Aber wann kommen sie denn nun endlich?«
»Am 12. Mai geht's los«, sagt Annelie.
»Steht das auch in deinem Buch?«
»Ja«, sagt Annelie, »aber ich kann's mir auch
deshalb so gut merken, weil nämlich meine Mama
an dem Tag Geburtstag hat.«

Wer genau hinschaut, kann zwischen den Eisheiligen 5 Unterschiede erkennen.

Auf dem Pfingstmarkt

Bei jeder Bude gibt es Sachen,
die nicht dort hingehören.
Kreuze an, wie viele.
Die Buchstaben daneben ergeben,
von A bis E, den Namen des
kleinen Hundes rechts unten.

Auf dem Pfingstmarkt

Vater, Mutter, Annerose und Schnüpperle sind auf den Pfingstmarkt gefahren. Purzel haben sie auch mitgenommen. Ringsherum ist alles mit jungen, grünen Birken geschmückt. Fahnen flattern, die Musik spielt und Vater singt: »Zu Pfingsten, ach, wie scheun, wenn die Natur so greun, tatü-tatü-tata, tatü-tatü-tata.«

Schnüpperle und Annerose kichern.

»Tatü-tata kann ich auch, Vater!«, ruft Schnüpperle und Annerose ruft: »Scheun und greun, das finde ich richtig doof.«

Und dann sind sie schon mittendrin. Purzel zieht gleich auf die Würstchenbude zu, aber Annerose will zu der Bude mit den Glücksrädern.

»Hier, meine Herrschaften, hier ist der große Gewinn zu machen! Nur ein Los kaufen und mit ein bisschen Glück gehört Ihnen eins dieser wunnnderschönen Plüschtiere! Oder soll es vielleicht dieser hübsche Elefant sein? Oder der entzückende Affe, der sich so anklammern kann?«

»Oooch«, sagt Annerose und ist von der Bude nicht wegzukriegen. »So einen schwarz-weißen … wie hat der Mann gesagt, Mutter?«

»Pandabär.«

»Oh ja, so einen hätte ich gern. Ob ich mir ein Los kaufe?«

»Wie du willst«, sagt Mutter, »es ist das Geld aus deiner Sparbüchse, Annerose.«

»Und was machst du, wenn du ihn kriegst?«, fragt Schnüpperle. »Den kannst du doch überhaupt nicht tragen, der ist doch viel zu groß.«

Annerose sieht Vater an. »Du hilfst mir, nicht, Vater?«

»Jaja, aber lass uns doch erst mal über den Markt gehen. Vielleicht siehst du woanders noch was viel Schöneres.«

»Na gut«, sagt Annerose.

»Ein Glück«, sagt Schnüpperle. »So ein Riesending möchte ich nicht haben, kann man überhaupt nicht richtig drücken.«

In der nächsten Bude kann man Bälle auf leere Blechbüchsen werfen. Die sind zu Pyramiden aufgetürmt. Wenn die Blechbüchsen alle umfallen, bekommt man entweder eine Sonnenschirmmütze oder ein Spielzeugauto. Gerade hat es ein Junge geschafft und setzt sich die gewonnene Sonnenschirmmütze auf. »Ich möchte auch so eine haben«, sagt Schnüpperle und langt in seine Hosentasche. »Vater, ist es sehr teuer, wenn ich's mal versuche?«

»Kommt drauf an«, sagt Vater, »es kostet eine Mark.«

Schnüpperle denkt nach, dann legt er eine Mark auf den Tisch. Die Frau hinter dem Tisch gibt ihm fünf Bälle.

Schnüpperle langt nach dem ersten, dann holt er aus und schmeißt. Scheppernd fallen drei Büchsen um und Purzel bellt. Die Frau hinter dem Tisch stellt die Büchsen wieder auf. Schnüpperle versucht es zum zweiten Mal. Diesmal fällt nur eine einzige Büchse. Aber Schnüpperle lässt sich nicht beirren. Er geht einen Schritt zurück und zielt – und diesmal klappt es. Die ganze Pyramide fällt krachend in sich zusammen.

»Donnerwetter«, ruft Schnüpperle und die Frau hinter dem Tisch sagt auch: »Donnerwetter. Das hast du aber fein gemacht. Und was möchtest du jetzt haben? Die Feuerwehr oder …«

»Die da«, sagt Schnüpperle und zeigt auf die Mütze mit dem großen, gelben Sonnenschirm.

»Oh!«, sagt Schnüpperle. Er setzt sie gleich auf und sieht Vater, Mutter und Annerose an.

»Doll«, sagt Annerose, »einfach doll. Ob ich's auch mal versuche?«

»Ach«, Mutter schüttelt den Kopf, »für dich passt das doch gar nicht.«

Beim nächsten Stand gibt es Fischbrötchen und beim übernächsten gibt es Popcorn und gebrannte Mandeln. Die isst Vater sehr gern und deshalb kauft er eine große Tüte und lässt Mutter, Annerose und Schnüpperle immer wieder hineinlangen. Jetzt gehen sie an den Karussells vorbei. Sie bleiben stehen und sehen zu, wie die Leute in der Luft kreisen und sich umeinander drehen, juchzen, kreischen und sich aneinander klammern. Schnüpperle hält sich die Hand vor die Augen und sagt:

»Vater, Mutter, damit fahren wir aber nicht.«

»Nein«, sagt Mutter, »natürlich nicht.«

Als sie ein Stück weitergegangen sind, bleibt Vater plötzlich stehen. »Wartet mal«, sagt er. Es ist nur ein ganz kleiner Stand mit einer großen Stange und einem großen Gewicht und einem großen Hammer und einer Tafel. Auf der steht:

HAU DEN LUKAS

»Was soll's denn kosten?«, fragt Vater und der Mann an dem kleinen Stand sagt: »Zwei Mark.« Vater drückt ihm die zwei Mark in die Hand, dann nimmt er den Hammer und Mutter, Annerose und Schnüpperle treten ein paar Schritte zurück. Jetzt holt Vater aus, schwingt den Hammer hoch über den Kopf und lässt ihn im nächsten Augenblick auf die kleine eiserne Platte niedersausen. Das Gewicht schnellt hoch und zeigt – 60 Kilo.

»Immerhin«, sagt der Mann, »für den ersten Schlag ist das ganz schön.«

»Ich versuch's noch mal«, sagt Vater, holt wieder aus und schlägt zu. Diesmal fährt das Gewicht bis 75 Kilo hinauf.

»Alle Achtung, gratuliere«, sagt der Mann, und Vater schwingt den Hammer zum dritten Mal. Rummms geht es und »Hervorragend!« ruft der Mann. »Hundert Kilo, das hat schon lange keiner mehr geschafft.«

»Ich möchte auch mal«, sagt Schnüpperle.

»Tja«, sagt der Mann, »aber dann musst du auch …«

»Dann muss man auch noch mal bezahlen«, sagt Vater und hält dem Mann neues Geld hin.

Als Schnüpperle den Hammer anfasst, sagt er: »Donnerwetter, Vater, das hätte ich nicht gedacht.« Er schwenkt erst eine Weile damit herum und der Mann ruft: »Na, nu mal los, hau den Lukas!« Und Schnüpperle haut zu.

»Zwanzig Kilo«, ruft der Mann, »nicht schlecht, Herr Specht!«

»Soll ich noch mal, Vater?«

»Wenn du willst.«

Und wieder schwingt Schnüpperle den Hammer hin und her und hebt ihn über den Kopf.

»Hau den Lukas!«, ruft der Mann. »Mein lieber Schwan!«

»Aber noch mal kann ich nicht«, sagt Schnüpperle. »Ich glaube, wir müssen eine Wurst essen gehen.« Vater lacht aus vollem Hals. »Na gut«, sagt er, »das wollen wir jetzt machen.« Und dann gehen sie und suchen eine Bratwurstbude, wo es besonders gut geröstete Bratwürste gibt. Das ist auch Purzel am liebsten.

An welchen Ständen waren die beiden? Erzähle!

Wer die Seifenblasenbuchstaben
in der Reihenfolge der Symbole
einträgt, kann Schnupperle verraten,
welcher Tag im Juni ganz wichtig
für das Wetter der folgenden Wochen ist.

Juni

Seifenblasen für Susanne

»Morgen früh«, sagt Schnüpperle eines Abends beim Zubettgehen, »gehe ich zu Susanne und mach mit ihr Seifenblasen.«

»Aber bloß aus deiner Seifenwasserflasche«, sagt Annerose. »Wehe, du gibst ihr meine! Wehe!«

»Wehäää! Wehäää!«, macht Schnüpperle. »Alte Geizlisäää!«

»Hab ich mir's doch gedacht!«, ruft Annerose. »Meine Flasche hast du Susanne geben wollen. – Mutter, du musst aufpassen.«

»Du brauchst dich nicht aufzuregen, Annerose«, sagt Mutter. »Schnüpperle kann nicht zu Susanne gehen. Susanne ist krank.«

»Wenn Susanne krank ist, kann ich erst recht zu ihr gehen. Dann freut sie sich doch, wenn ich sie besuche.«

»Nein«, sagt Mutter, »Susanne fiebert viel zu sehr, sie hat die Masern. Du bleibst zu Hause, sonst steckst du dich bei ihr an.«

»Och, Mutter«, bettelt Schnüpperle, »ich werd schon aufpassen, dass Susanne mir nicht wieder was ansteckt, wie damals das Karnickelschwänzchen.«

»Das Karnickelschwänzchen zur Fastnacht!« Annerose wirft sich vor Lachen im Bett zurück. »Wie lange du damit rumgerannt bist! Und wie du immer mitgelacht hast!«

»Ich konnte das Schwänzchen doch nicht sehen«, sagt Schnüpperle. »Erst als mich die Nadel gepikt hat, beim Hinsetzen, hab ich's gemerkt. Aber morgen pass ich besser auf, Mutter, bestimmt.«

Mutter schüttelt den Kopf. »Masern kann dir Susanne nicht an den Hosenboden stecken. Masern bekommst du von ihr, da kannst du aufpassen, so viel du willst. Und deshalb bleibst du hier.«

»Wie lange?«, fragt Schnüpperle.

»Vierzehn Tage wird's dauern«, sagt Mutter. Annerose zeigt auf Schnüpperle. »Guck doch mal, Mutter, was Schnüpperle für eine Schnute zieht.«

Am anderen Tag geht Schnüpperle in den Nachbarsgarten. Er stellt sich unter das Fenster von Susannes Zimmer und ruft hinauf:

»Hallo, Susanne! Schade, dass du Fieber hast! Und maserst! – Nein, dass du Masern hast und fieberst! Sonst könntest du mal zum Fenster rausgucken! Aber wenn du nicht mehr maserst, dann guckst du, nicht? Ich will dir was Feines zeigen. Jetzt geh ich wieder heim, Susanne. Mach ein bisschen schnell, Susanne!«

Zu Hause sagt Schnüpperle:

»Wenn ich bloß wüsste, wie lange vierzehn Tage ist.«

Mutter rät Schnüpperle zu einem Strichkalender. Sie gibt ihm ein Blatt Papier und Schnüpperle malt mit Buntstiften dicke Punkte darauf. Mutter zählt sie.

»So, jetzt sind es vierzehn«, sagt sie, als Schnüpperle zwei Reihen dicke Punkte gemalt hat. »Und jetzt streichst du jeden Morgen nach dem Frühstück einen Punkt durch.«

»Mit dem schwarzen Buntstift«, sagt Schnüpperle, »weil ich es gut sehen will.«

An dem Tag, als Schnüpperle den fünften Punkt durchgestrichen hat und mit seinem Hund in den Garten geht, klopft im Nachbarhaus jemand ans Fenster. Schnüpperle dreht sich um.

»Susanne! Susanne! Warte, ich komme gleich.« Er rennt ins Haus, holt seine Seifenwasserflasche und steht ein paar Augenblicke später unter Susannes Fenster. »Es ist noch viel drin, hab ich alles aufgehoben.« Schnüpperle taucht die Drahtschlinge in die Flasche und dann pustet er darauf. Schillernde Seifenblasen steigen in die Höhe, große und kleine, ein ganzes Bündel.

Und dann kommt eine besonders große Blase. Sie schwebt bis vor Susannes Fenster. Susanne hebt die Hand.

»Pitsch!«, ruft Schnüpperle. »Schon zerpengt. Mach gleich neue.«

Schnüpperle pustet wieder.

Susanne nickt und freut sich.

»Susanne«, ruft Schnüpperle, »du hast ja so viele Mückenstiche im Gesicht. Oder sind das deine Masern?«

Susanne nickt.

»Tut's doll weh?«

Susanne schüttelt den Kopf.

»Soll ich wieder pusten?«

Susanne nickt. Sie bückt sich und hebt ihren kleinen Hund auf das Fensterbrett.

Schnüpperle lässt eine Seifenblasenkette nach der anderen zu Susanne hinaufsteigen.

Dann ruft er: »Susanne, hat Knirpsi auch die Masern?«

Susanne schüttelt den Kopf.

»Er wird sie schon noch kriegen. Mutter hat gesagt, du steckst allen die Masern an. Aber nicht zu doll piken, sonst jault Knirpsi.«

Susanne lacht. Jetzt kommt Susannes Mutter ans Fenster. Sie winken, dann gehen sie beide weg.

»Morgen kommste wieder, nicht?«, ruft Schnüpperle ihr nach.

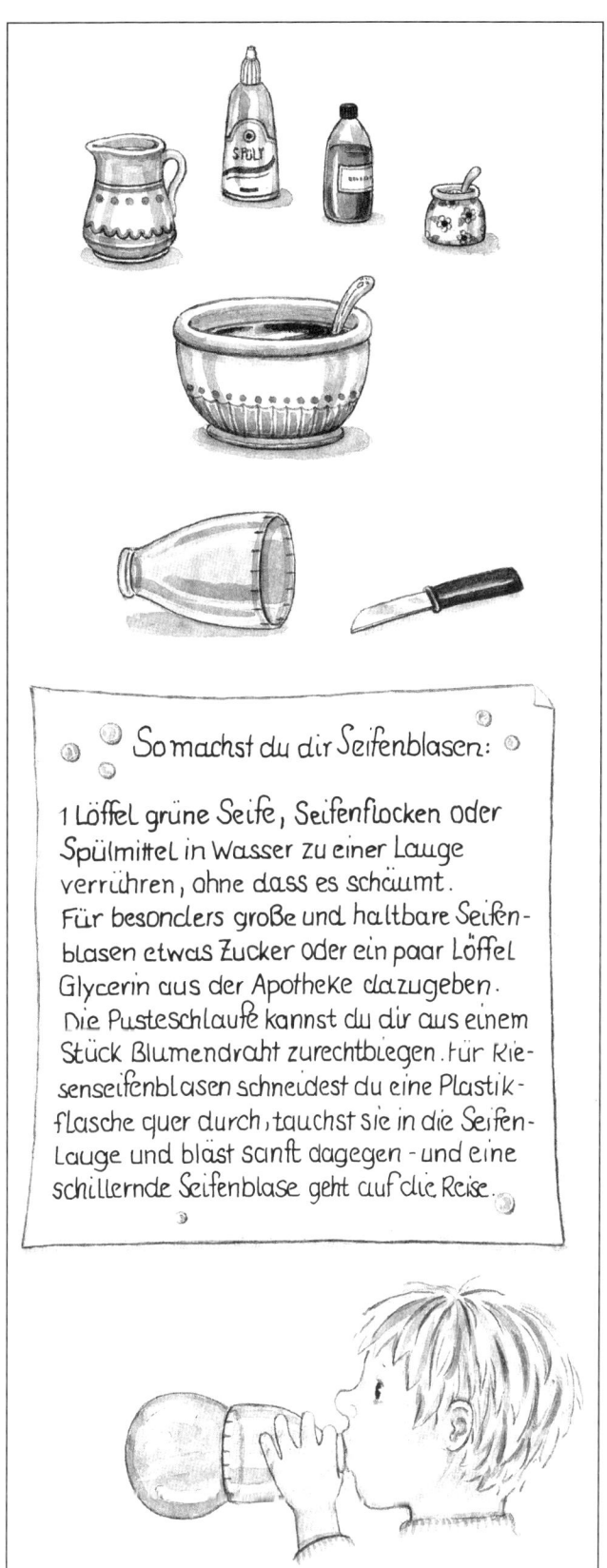

So machst du dir Seifenblasen:

1 Löffel grüne Seife, Seifenflocken oder Spülmittel in Wasser zu einer Lauge verrühren, ohne dass es schäumt.
Für besonders große und haltbare Seifenblasen etwas Zucker oder ein paar Löffel Glycerin aus der Apotheke dazugeben.
Die Pusteschlaufe kannst du dir aus einem Stück Blumendraht zurechtbiegen. Für Riesenseifenblasen schneidest du eine Plastikflasche quer durch, tauchst sie in die Seifenlauge und bläst sanft dagegen - und eine schillernde Seifenblase geht auf die Reise.

Sieben Wochen Regen?

Als Annerose heute aus der Schule kommt, sagt sie: »Wisst ihr eigentlich, was morgen für ein besonders wichtiger Tag ist?«

»Morgen? Nein, wüsst ich nicht«, sagt Mutter, »morgen ist Donnerstag.«

»Donntadag«, sagt Schnüpperle, »so hab ich immer gesagt, als ich noch ganz klein war. Da konnt ich's noch nicht so richtig.«

»Hör auf«, ruft Annerose. »Morgen ist ein besonders wichtiger Tag für alle, weil jetzt bald Ferien sind. Aber besonders für die, die einen Garten haben. Denkt mal nach.«

Mutter denkt nach, und als Schnüpperle wieder mit »Donntadag« anfängt, stößt Annerose ihn in die Seite. »Du sollst aufhören mit diesem Quatsch. Aber bitte, ich kann dir ja ein bisschen helfen. Morgen ist der 27. Juni. Na, kommst du jetzt drauf?«

Mutter kommt nicht drauf.

»Am 27. Juni«, sagt Annerose, »ist Siebenschläfer.«

»Ja, wahrhaftig«, sagt Mutter, »dass ich darauf nicht gekommen bin!«

»Warum ist das denn so wichtig?«, fragt Schnüpperle.

»Wenn es an Siebenschläfer regnet, dann regnet es sieben Wochen hintereinander, jeden Tag.«

»Und woher weißt du das?«

»Das haben wir heute in der Schule mit Frau Buschmann durchgenommen.«

»Ach so.«

»Ja, Frau Buschmann hat's mal Tag für Tag aufge-schrieben, wie das Wetter gewesen ist, als es an Siebenschläfer geregnet hat. Weil doch um diese Zeit immer die großen Ferien sind und weil sie auch einen Garten hat.«

»Und es hat nach Siebenschläfer wirklich jeden Tag geregnet?«, fragt Mutter. »Sieben Wochen lang?«

»Frau Buschmann hat gesagt, es hat nicht jeden Tag von früh bis abends geregnet, aber gut war das Wetter auch nicht. Es ist ein kalter Sommer gewesen und es hat dauernd Gewitter gegeben. Und nach jedem Gewitter hat es drei Tage geregnet. Im Garten ist überhaupt nichts richtig gewachsen. Die Gurken sind faulig geworden und die Himbeeren sind alle verschimmelt und die Kirschen sind alle aufgeplatzt und die Pflaumen sind nicht süß geworden, weil die Sonne nicht geschienen hat, und alles so was. Den Bauern ist das Heu auf der Wiese verfault und der Roggen und der Weizen sind umgefallen auf dem Feld, und alles bloß, weil es an Siebenschläfer geregnet hat.«

»Und warum heißt das morgen so?«, fragt Schnüpperle.

»Oje«, sagt Annerose. Sie setzt sich auf die Eckbank in der Küche und stützt ihren Kopf in beide Hände. »Das ist eine traurige Geschichte.« Schnüpperle setzt sich auch auf die Eckbank und rückt ganz nahe an Annerose heran. »Komm her, Purzel, komm«, ruft er, »Annerose erzählt eine schöne traurige Geschichte.« »Also, das ist schon ganz lange her«, sagt Annerose, »da waren einmal sieben Brüder, und die waren in großer Not, weil sie Christen gewesen sind. Frau Buschmann hat gesagt, damals haben die Leute nicht alle an unseren lieben Gott geglaubt. Und wer doch dran geglaubt hat, den haben sie verfolgt. Das wollte der Kaiser so. Und wenn sie den Christen gekriegt haben, dann ist er mit dem Tode bestraft worden. Und weil sich die sieben Brüder nicht haben davon abbringen lassen, waren sie in großer Not und mussten sich in einer Felsenhöhle verstecken. Leider ist das rausgekommen und der Kaiser hat die Höhle zumauern lassen. Aber die sieben Brüder sind nicht verdurstet und nicht verhungert, sie haben gebetet und sich hingelegt und dann sind sie eingeschlafen. Und wisst ihr, wie lange sie geschlafen haben? Ein paar hundert Jahre. Aber eines Tages ist ein Bauer gekommen, der konnte die Steine vor der Höhle für seinen Ziegenstall gut gebrauchen. Und als er sie weggeräumt hat, sind die sieben Brüder aufgewacht. Dann sind sie in die Sonne hinausgegangen und haben sich nicht mehr verstecken müssen. Denn der schreckliche Kaiser war weg, und jetzt konnten sie allen Leuten sagen, dass sie Christen sind.

Und zum Andenken an die sieben schlafenden Brüder ist morgen Siebenschläfer. Und wenn es regnet, sollen wir mindestens zwei Pullover in den Ferienkoffer packen, hat Frau Buschmann gesagt, und für den Garten sieht sie schwarz.«

»Ich weiß nicht«, sagt Mutter, »es ist doch strahlender Sonnenschein. Vielleicht sollten wir mal mit Herrn Kasseroll sprechen, der ist doch der reinste Wetterfrosch.«

»Ja, das mach ich«, ruft Schnüpperle und rennt in den Garten.

»Herr Kasseroll, wissen Sie, was morgen für Wetter ist?«

»Morgen?« Herr Kasseroll sieht sich den Himmel an. »Ich denke, so ähnliches Wetter wie heute, schön warm, ein bisschen windig und ein paar Wolken am Himmel.«

»Aber regnen tut's morgen bestimmt nicht?«

»Das glaub ich nicht«, sagt Herr Kasseroll, »vielleicht gegen Abend ein Schauer, wenn es schwül werden sollte.«

»Bloß nicht, Herr Kasseroll, morgen kommt's doch so drauf an.«

»Worauf denn?«

»Na, auf die sieben Brüder, die so lange geschlafen haben, in der Höhle drin, weil sie an den lieben Gott geglaubt haben. Und wenn der Bauer die Steine nicht für seinen Ziegenstall gebraucht hätte, dann wär's egal, ob's morgen regnet oder nicht. Aber so … Wenn's morgen regnet, dann regnet's sieben Wochen lang wegen den sieben Brüdern. «

»Jetzt geht mir ein Licht auf«, sagt Herr Kasseroll. »Morgen ist Siebenschläfer.«

Welchen Koffer muss Schnüpperle mitnehmen, wenn es an Siebenschläfer regnet?

Das Lied von den zwei Chinesen

Heute singt Annerose, als sie aus der Schule kommt.

»Donnerwetter!«, ruft Schnüpperle, »heut muss es aber schön gewesen sein.«

»War es auch«, sagt Annerose. »Die letzten paar Tage vor den Ferien machen wir fast bloß noch Quatsch.«

»Was habt ihr denn heut für Quatsch gemacht?«

»Alles Mögliche. Am dollsten war das Lied, das wir gelernt haben.« Annerose klopft mit der Hand auf den Tisch und singt: »Tam-tam-tam, ta-ta-ta, tam-tam-tam. Toll, nicht? Einfach toll, sage ich euch. Finomino, grandioso!«

»Grandi sowieso hast du noch nie gesagt.«

»Na und? Wisst ihr, wer das Lied vorgeschlagen hat? Ludowika. Na ja, die hat ja immer solche verrückten Sachen im Kopf. Und als Ludowika es vorgesungen hat, da hat Frau Buschmann gesagt: ›Ach, das ist ja diese olle Kamelle. Das haben wir ganz vergessen, aber schön ist das Lied schon.‹«

»Und was ist das für ein Lied?«, fragt Schnüpperle.

»Also, es geht so.« Annerose fängt an zu singen:
»Zwei Chinesen mit dem Kontrabass
saßen auf der Straße und erzählten sich was.
Da kam der Polizist und sprach:
›Was ist denn das?‹
Zwei Chinesen mit dem Kontrabass.«

Mutter lacht. »Frau Buschmann hat Recht, das ist wirklich eine olle Kamelle. Aber ulkig ist sie schon.«

»Na gut, Mutter, du kennst es auch, aber Schnüpperle nicht. Der Pfiff dabei ist nämlich, dass man es auf *o* singen kann, auf *a*, auf *ö* und *e* und …«

»Und wann kommt der Pfiff?«, fragt Schnüpperle.

»Hör doch mit dem Pfiff auf, Schnüpperle. Du verstehst auch überhaupt nichts.«

»Schimpf nicht mit Schnüpperle«, sagt Mutter, »sing es ihm vor.«

»Wenn man es auf *o* singt, dann geht das Lied so:
Zwo Chonoson mot dom Kontroboss
soßon of dor Stroßo ond orzohlton soch wos.
Do kom dor Polozost ond sproch:
›Wos ost donn dos?‹
Zwo Chonoson mot dom Kontroboss.«

Schnüpperle sieht Annerose an. »Und wann kommen die Kamele?«

»Mutter!«, ruft Annerose, »mit Schnüpperle kann man verrückt werden.«

»Wieso?«, sagt Mutter, »das ist eben ein komisches Lied. Das muss man erst lernen, und wenn man es dann gegeneinander singt, die einen singen es richtig, die anderen auf *o*, dann wird ein richtiges Chinesisch draus. Wir haben immer furchtbar lachen müssen in der Schule. Wollen wir's mal zusammen probieren, Annerose? Du singst es richtig und ich sing's auf *u*.«

Annerose singt:
»Zwei Chinesen mit dem Kontrabass…«

Und Mutter singt:
»Zwu Chunusun mut dum Kuntrubuss
sußun uf dur Strußu und urzuhltun such wus.
Du kum dur Puluzust und spruch:
›Wus ust dunn dus?‹«

»Puluzust! Puluzust!« Schnüpperle lacht und lacht. »Nach dem Essen geh ich gleich zu Polizist Krause, dem sag ich das, da wird er aber staunen.« Doch dann möchte Schnüpperle ihm das Lied lieber vor*singen*, und bis das Mittagessen fertig ist, übt er mit Annerose. Zuerst immer den richtigen Text und dann auf *a*, auf *o* und zum Schluss sagt er: »Jetzt möchte ich's mal auf *ö* singen: Zwö Chönösön möt döm Köntröböss …«

Und jetzt fängt auch Annerose an zu lachen, weil sich das bei Schnüpperle gar so komisch anhört.
Nach dem Mittagessen setzt sich Schnüpperle auf die Treppe vor dem Haus und wartet.
Endlich kommt Polizist Krause mit seinem Auto angefahren.
»Polizist Krause!«, ruft Schnüpperle. »Hast du eigentlich schon die beiden Chinesen auf der Straße gesehen?«
»Was denn für zwei Chinesen?«
»Na, die mit dem Küntrübüss.«
»Mit was für einem Ding?«, fragt Polizist Krause.
»Na, die mit dem Känträbäss.«
»Also, Schnüpperle, was ist das denn nun wieder?«
»Na, das ist das alte Kamele, das kennst du wohl nicht? Annerose hat es heute mit aus der Schule gebracht?«
»Ein Kamel?«, fragt Polizist Krause.
Schnüpperle lacht. »Nein, das ist was ganz anderes. Du musst es nicht so eilig haben, dann sing ich's dir vor.« Und schon fängt Schnüpperle an:

>»Zwu Chunusun mut dum Kuntrubuss
sußun uf dur Strußu und urzuhltun such wus.
Du kum dur Puluzust und spruch: ›Wus…‹«

Schnüpperle muss vor Lachen aufhören. Polizist Krause singt den Vers zu Ende:

>»›Wus ust dunn dus?‹
Zwu Chunusun mut dum Kuntrubuss.«

»Du kannst das auch?«
»Natürlich«, sagt Polizist Krause. »Das ist zwar lange her, als ich's das letzte Mal gesungen habe, aber ich kann's immer noch.«
»Wollen wir's mal zusammen singen?«, fragt Schnüpperle.
Polizist Krause setzt sich neben Schnüpperle auf die Treppenstufe. »Wie wollen wir's denn singen? Vielleicht auf i?«
»Gut«, sagt Schnüpperle. »Also eins, zwei, drei:

>Zwi Chinisin mit dim Kintribiss
sißin if dir Strißi ind irzihltin sich wis.
Di kim dir Pilizist ind sprich: ›Wis ist dinn…‹«

Ein bisschen Schnüpperle - Deutsch:

und damit paster   Schmetterline   Nackeier
begänglich   Rattatat
tellergent bilogisch   Scheineisige
finnominno Spargeletti zwitscheringrün Bauerngretel
          Tektur Knöte akkarund gemäntelt und gestiefelt
angst und Bammel   Gratatie   Kareten

Wer weiß, wie diese Wörter richtig heißen? Und wer findet sie in den Geschichten dieses Buches wieder?

Der Baum hängt voller Kirschen. Da hilft nur eine Vogelscheuche,
um die Vögel vom Festmahl fernzuhalten...

Zwei Holzlatten oder Besenstiele über Kreuz zusammennageln.
Alte Kleidungsstücke über dieses Kreuz stülpen und mit Zeitungspapier
zu einer lebensgroßen Puppe ausstopfen. Mit Stricken festbinden,
so wie es auf Seite 65 beschrieben wird.

Juli

Eine Hexe im Kirschbaum

Heute hat Schnüpperle verschlafen. Er wäscht sich eilig und zieht sich an. Beim Frühstück verschluckt er sich am Kakao, weil ihm alles nicht schnell genug geht.

Dann saust er davon, um den Loisl zu suchen. Auf dem Hof ist er nicht zu sehen. Schnüpperle sucht ihn im Kuhstall, dann bei den Pferden und danach im Hühnerstall. Keine Spur vom Loisl. Schnüpperle stellt sich mitten auf den Hof und ruft aus Leibeskräften:

»Loi-sel! Loi-sel! Wo – bist – du!«

»Schau im Obstgarten nach«, ruft Loisls Mutter zum Fenster heraus, »da wirst du ihn schon finden.«

Im Obstgarten ist der Loisl auch nicht zu sehen, aber Schnüpperle kann ihn hören.

»Ihr Diebsgesindel, ihr ausgeschamtes! Räuber seid ihr! Lumpenpack!«

Schnüpperle sieht in die Höhe und wirklich, oben im Kirschbaum sitzt der Loisl und schlägt mit einem Stock nach allen Seiten in die Äste hinein.

»Was machst du da?«, ruft Schnüpperle hinauf.

»Warum schimpfst du denn so?«

»Die Vögel tu ich verjagen, weil s' unsre Kirschen mausen. Heut in der Früh hab ich's von meinem Kammerfenster gesehn.«

»Kommen sie jetzt nicht wieder?«

»Wenn ich Krach mach, net.«

»Dann schimpf doch weiter, Loisl, ich hör das so gern.«

»Jetzt sind s' ja weg und das Rechte ist's auch net. Da müsste ich ja den ganzen Tag im Baum hocken.«

»Soll ich mal raufkommen?«, ruft Schnüpperle. »Klettern kann ich nämlich sehr gut.«

»Das geht net«, antwortet der Loisl. »Was tät denn dei Vater dazu sagen und dei Mutter erst!« Loisl kommt die Leiter herunter. »Ich weiß mir schon einen bessern Rat, ich bau eine Vogelscheuche.«

»Oh ja, und ich helf dir dabei, nicht?«

Sie gehen beide in den Holzschuppen und der Loisl sucht sich eine lange Stange und eine kurze dazu.

»Was mach ich denn jetzt?«, fragt der Loisl.

»Einen alten Mann oder ein altes Weib?«

Schnüpperle stützt den Kopf in die Hand. »Was scheucht denn doller?«

»Das weiß ich ja grad net«, sagt der Loisl.

»Aber ich weiß es – eine alte Hexe!«

»A Hexen? Das is gar net schlecht. A Hexen könnt ich schon gut zusammenfabriziern.«

Zuerst nagelt der Loisl die Stangen zu einem Kreuz aufeinander. Dann steigt er mit Schnüpperle die Treppe zum Dachboden hinauf. Die Tür steht offen, und als sie auf den großen Boden kommen, raschelt und knistert es.

Der Loisl hält Schnüpperle fest und lauscht.

»Is hier einer?«, ruft er.

Es raschelt wieder. Dann bleibt alles still.

»Rauskommen, Lausigel!« Der Loisl legt den Kopf zur Seite. Im nächsten Augenblick springt er zu einem großen, braunen Schrank hin und reißt die Tür auf.

»Hui! Huiii!«, macht es. Dann fliegt dem Loisl etwas Dunkles auf den Kopf und schon springen Annerose und Theres aus dem Schrank.

»Hui! Huiii!«, jaulen sie und springen um den Loisl herum.

Der Loisl zerrt sich den Rock vom Kopf und will gerade anfangen zu schimpfen, da ruft Schnüpperle begeistert:

»Haben sie gut gemacht, nicht Loisl? Erst haben wir Angst gehabt und jetzt lachen wir alle!«

Schnüpperle springt am wildesten auf dem Dachboden umher.

Theres und Annerose möchten wissen, warum der Loisl und Schnüpperle auf den Boden gekommen sind. Der Loisl erzählt es ihnen und gleich wollen sie mithelfen.

Die Theres sucht aus dem Schrank alte Sachen hervor: einen schwarzen Rock und eine grüne Bluse, eine blau und weiß gestreifte Schürze und ein geblümtes Kopftuch. Schnüpperle muss sich kerzengerade hinstellen. Die Mädchen halten ihm die Sachen an, weil sie wissen wollen, ob alles grauslig genug aussieht.

Der Loisl nickt. Er ist sehr zufrieden.

Jetzt ziehen sie die Bluse über das Holzgestell und den Rock binden sie daran fest. Beides soll aber nicht bloß so an dem Gestell herunterhängen. Deshalb wollen sie Rock und Bluse ausstopfen. Auf einem alten Lehnstuhl liegt ein Stapel Zeitungen säuberlich aufgeschichtet. Davon nehmen sie nun eine nach der anderen und knautschen sie zusammen. Die meisten Zeitungen brauchen sie für Rock und Bluse, aber auch in das Kopftuch kommt ein großer Ball aus Papier.

Die allerletzte Zeitung schneidet der Loisl mit seinem Taschenmesser in lange Streifen und bindet sie an die Hexenarme.

»Das sieht ja enorm aus!«, sagt Annerose. »Richtige Hexenfinger!«

Und Schnüpperle sagt: »Du bist der beste Vogelscheuchenbauer, ganz bestimmt.« Der Loisl pfeift ein bisschen vor sich hin. Dann spuckt er in die Hände und hebt sich das Gestell auf die Schulter.

»Alsdann, auf'n Baum damit!«

Schnüpperle muss zuerst gehen und für einen freien Weg sorgen. Die Mädchen müssen aufpassen, dass der Loisl mit der Vogelscheuche nirgends anstößt.

»Wir kommen jetzt – mit der Vogelscheuche!«, ruft Schnüpperle auf der Treppe. »Wir kommen jetzt – mit der Vogelscheuche!«

Alle im Haus laufen zusammen und wollen sie sehen, der Vater, die Mutter, der alte Josel und zuletzt kommt die Ahndl. Alle finden die Vogelscheuche wunderbar und die Ahndl fasst sogar die Hexenfinger an. Auf einmal schreit sie: »Herrjeh, herrjeh, die Zeitung! Mein schöner Roman ist hin!«, und fällt vor Schreck fast in Ohnmacht.

Nicht lange darauf sitzt Schnüpperle wieder bei Vater und Mutter, die gleich merken, dass etwas nicht stimmt.

»Was ist denn mit dir los?«, fragt der Vater. »Hast du was angestellt?«

Schnüpperle nickt. »Wir alle«, sagt er. »Aber es war überhaupt nicht böse gemeint. Du musst hingehen und es sagen, weil wir – weil wir …«

Schnüpperle schluckt. »Weil wir uns sonst nicht mehr sehen lassen sollen.«

»Um Himmels willen, was habt ihr denn so Schlimmes gemacht?«, fragt Mutter.

»Der Roman ist hin.«

»Was ist hin?«, fragt Vater.

»Der Roman aus der Zeitung, der schöne, den die Oma Ahndl schon sovielmal gelesen hat und wo ihr immer die Tränen gekommen sind.«

»Ja, wo ist er denn hin?«, fragt Vater.

»Unterm Rock und in der Bluse von der Vogelscheuche, und Finger hat der Loisl auch noch draus geschnitten.«

»Und wo ist die Vogelscheuche?«

»Im Kirschbaum. Dort scheucht sie jetzt.«

Purzel schreibt eine Karte

Nach dem Frühstück geht Vater zur Post. Mutter hat Briefe geschrieben, die will er wegbringen und nach einem Brief von Oma will er auch fragen. Schnüpperle geht mit.

Die Post am Ferienort ist eine kleine Stube in einem Bauernhaus. Als die Türglocke bimmelt, kommt die Bäuerin aus dem Stall. Sie hat ein blaues Kopftuch umgebunden und setzt sich hinter den Tisch am Klappfenster. Vater kauft Briefmarken. Schnüpperle darf sie anlecken und dann aufkleben. Ein Brief von Oma liegt auch bereit. Aber die Postbäuerin hat noch eine Karte in der Hand und fragt:

»Könnt die auch für Sie sein?«
Neugierig stellt sich Schnüpperle auf die Zehenspitzen und hält sich am Schalterbrett fest. Jetzt kann er die Karte sehen und auf einmal ruft er freudig:
»Purzel! Mein Purzel!«, und streckt seine Hand danach aus.

Die Postbäuerin beugt sich vor. »Du bist das also. Weißt, was hier draufsteht? ›An mein liebes Schnüp… Schnüp…‹« Die Postbäuerin schüttelt den Kopf. »Schnüpperle!«, sagt sie. »Bist denn ein Bub oder ein Dirndl?«

»Ich bin Schnüpperle«, sagt Schnüpperle. »Ich bin doch von der Sternschnuppe gekommen, deshalb heiß ich so.«

»Ja, so was!« Die Postbäuerin lacht. »Vom Mond, das tät mich net wundern, aber von einer Sternschnuppe!«

Schnüpperle drückt die Karte an sich. »Vater, was steht denn drauf?«

Vater liest: »Mein liebes Schnüpperle! Es geht mir gut. Oma gibt mir gutes Futter. Oma geht mit mir spazieren. Ich habe einen Ball zerbissen und eine Holzkuh aus der Kiste. Susannes Knirpsi ist frech. Er wollte mich beißen. Ich hab ihn ganz doll angeknurrt. Es grüßt dich dein Purzel.«

Jetzt kann Schnüpperle nicht schnell genug zu Mutter und Annerose kommen.

Mutter muss die Karte fünfmal hintereinander vorlesen und danach ist Annerose dran und alle müssen sie Purzel bewundern. Purzel ist vorn auf der Karte zu sehen mit seinen langen Ohren, den braunen Augen, den dicken Pfoten und einem blauen Ball im Maul.

Schnüpperle rennt wieder los, er will die Karte dem Loisl zeigen. Aber er findet ihn nicht gleich und zeigt die Karte erst dem großen Bello. Der steckt nur den Kopf aus der Hütte und fährt mit der Zunge darüber. Dann zeigt Schnüpperle die Karte Loisls Mutter, der Ahndl und der Theres. Endlich findet er den Loisl im Stall. Sie setzen sich auf einen umgedrehten Heukorb und der Loisl liest alles noch einmal vor. Er besieht sich den Hund auf der Karte und liest wieder vor.

»Das muss ja ein Wunderhund sein«, sagt er. Schnüpperle nickt und dann fragt er: »Warum denn, Loisl?«

»Weil er schreiben kann, deshalb.«

Schnüpperles Antwort an Oma

Wer wie Schnüpperle noch nicht
schreiben kann, kann mit Kartoffel-
stempeln Bilder machen…

… oder aus Kartoffeln
lustige Knollenmännchen
basteln.

Ein Kartoffelfeuer stinkt und qualmt

»So eine Hitze!«, ruft Vater. »Ich glaube, die Hundstage haben angefangen.«

»Was für Tage?«, fragt Schnüpperle.

»Die Hundstage«, sagt Mutter. »Und bei einem
schönen Sommer gehen die vier Wochen lang. Na,
das kann was werden.«

»Und warum heißen sie Hundstage?«

»Genau weiß ich das nicht«, sagt Vater. »Vielleicht,
weil jetzt der Hundsstern jeden Abend am Himmel
zu sehen ist.«

»Können wir uns den mal angucken, Vater? Das
möchte ich nämlich so gerne wegen Purzel.«
Vater sieht Schnüpperle an.

»Na ja, wenn's doch sein Stern ist, Vater.«

»Gut, machen wir«, sagt Vater. »Aber vielleicht
werden die heißen Tage auch bloß Hundstage
genannt, weil die Hunde immer so hecheln
müssen. Die können sich ihr Fell ja nicht
ausziehen. Guck dir doch unsern Purzel an.«

»Da haben wir's besser, nicht, Vater? Wir laufen
rum wie die Nackeier.«

»In kurzen Hosen«, sagt Vater. »Und jetzt hacken
wir gleich Kartoffeln raus und heute Mittag gibt's
Kartoffeln mit Quark.«

»Und dazu einen Tomatensalat«,
sagt Mutter. »Unsere Tomaten
sind ja wirklich ein Gedicht.«
Vater nickt. »Die schmecken
freilich besser als die roten
Wassersäcke von Pipo. Aber jetzt bin ich wirklich
gespannt, ob wir mit den Kartoffeln auch so viel
Glück haben.«

»Geblüht haben sie wunderbar«, sagt Mutter.

»Vater hat sie auch immer so schön angeträufelt.«

»Angehäufelt«, sagt Vater. »Das muss sein, damit
sie ordentlich wachsen können. Aber jetzt ist das

Kraut gelb und sie können raus.« Vater holt einen Korb und eine Hacke aus dem Keller und geht mit Schnüpperle in den Garten.

»Ich komme gleich nach«, ruft ihnen Mutter hinterher. »Ich muss Gurken abschneiden.«

Vater hackt im Garten den ersten Kartoffelstock aus der Erde.

»Donnerwetter noch mal!«, ruft er. »Donnerwetter. Guck dir das an, Schnüpperle. So eine Ernte! Eins, zwei, drei, vier, fünf, sechs, sieben große Kartoffeln und noch mal so viele kleine.«

»Aber wie kommt denn das, Vater, du hast doch bloß immer eine Kartoffel reingelegt?«

»Ja, da kannst du mal sehen, wie gut Kartoffeln sind.«

»Vater, ich glaube fast, das kommt alles von den Indianern.«

»Von wem?«, fragt Vater

»Von den Indianern. Die haben nämlich Kartoffeln schon viel eher gegessen als wir.«

»Das stimmt«, sagt Vater. »Und von wem weißt du das?«

»Von Herrn Kasseroll. Der hat ein Buch, da steht alles drin. Das ist eine ganz lange Geschichte.«

»Da hast du wohl Herrn Kasseroll wieder schön auf der Pelle gesessen«, sagt Vater.

»Überhaupt nicht. Ich habe auf dem Stuhl gekniet und Herr Kasseroll hat noch ein dickes Kissen drunter gelegt, weil ich auch die Bilder in dem Buch gut sehen sollte. Und Frau Kasseroll hat daneben Kartoffeln geschält und deshalb sind wir draufgekommen.«

»Also, ich weiß nicht, Schnüpperle, ob das Herrn Kasseroll immer recht ist.«

»Das ist ihm recht, Vater. Herr Kasseroll hat gesagt, ich bin ein sehr tellergenter Junge und deshalb kann er mir das alles schon vorlesen. Und ich kann so oft kommen, wie ich will – weil ich so ein tellergenter Junge bin.«

»Na gut«, sagt Vater und lacht. »Weil du so ein intelligenter Junge bist.« Er hackt schon den zweiten Kartoffelstock aus der Erde und wieder kollern ihm die Kartoffeln nur so vor die Füße.

»Vater, weißt du auch, wie's weitergegangen ist mit den Kartoffeln? An dem einen Tag nämlich, da sind Schiffe gekommen von ganz weit her. Und die Leute von den Schiffen haben zugeguckt, wie die Indianer die Kartoffeln rausgehackt haben. Und dann haben sie die Kartoffeln in einem runden Topf gekocht, über einem richtigen Feuer, Vater.«

»Jaja, anders geht es ja auch nicht«, sagt Vater. »So was Ähnliches kenn ich auch.«

»Warst du auch mal bei den Indianern, Vater?«

»Nein, ich kenn es ein bisschen anders, aber …«

»Aber bei den Indianern im Buch konnte man das Feuer richtig sehen und den Rauch auch. Und als die Kartoffeln weich waren, haben die Leute von den Schiffen auch welche gegessen, und weil sie ihnen geschmeckt haben, haben sie den Indianern welche abgekauft und mit nach Hause genommen.«

»Und dann hat's noch einmal lange gedauert«, sagt Vater, »bis die Kartoffeln hier bei uns angekommen sind.«

»Woher weißt du denn das, Vater? Du bist doch gar nicht dabei gewesen, als Herr Kasseroll alles vorgelesen hat.«

»Tja, so was weiß man eben. Da hat es nämlich vor langer Zeit mal einen König gegeben, der hat zu seinen Bauern gesagt: ›Hier auf dem Feld werden Kartoffeln angepflanzt, damit die Leute immer etwas zu essen haben.‹«

Schnüpperle nickt. »Kartoffeln mit Quark oder mit Butter und mit Tomatensalat.«

»Na, das hat der König vermutlich nicht gesagt. Man kann Kartoffeln ja auch mit Gemüse essen oder man kann Kartoffelsuppe machen oder Kartoffelsalat.«

Schnüpperle nickt. »Ja, so hat das auch alles in Herrn Kasserolls Buch gestanden. Und weißt du, was noch dringestanden hat, Vater?«

»Na, was denn, Schnüpperle?«

»Zuerst haben die Leute gedacht, das hier wären die Kartoffeln.« Schnüpperle hebt einen Kartoffelstock hoch und zeigt auf die grünen Knuller, die aus den Blüten gewachsen sind. »Und die haben sie gekocht und gegessen, und dann haben sie Bauchschmerzen gekriegt und es ist ihnen ganz schlecht geworden und …« Schnüpperle streckt die Zunge weit heraus, steckt den Zeigefinger in den Mund und macht: »Öööchchch! – Öööchchch! Alles wieder draußen. – Zum Glück, hat Herr Kasseroll gesagt, sonst hätten sie sich nämlich vergiftet. Und wenn man sich vergiftet, dann …«

»Dann ist alles aus«, sagt Vater. Er hat schon den dritten Kartoffelstock aus der Erde gehackt und den vierten und sagt zu Schnüpperle: »Jetzt kannst du mal alle Kartoffeln in den Korb legen.«

»Die ganz kleinen auch?«, fragt Schnüpperle.

»Ja, die kleinen auch«, sagt Vater. »Mit denen wird Mutter schon etwas anfangen können.«

»Und was machen wir mit den alten Zweigen?«, fragt Schnüpperle.

»Die werden wir auf den Kompost bringen. Ein Kartoffelfeuer können wir in unserem kleinen Garten leider nicht machen.«

»Warum nicht, Vater?«

»Weil es stundenlang brennt und fürchterlich stinkt und die ganze Gegend verqualmt. Nein, das geht leider nicht.«

»Möchtest du das gerne, Vater?«

»Ja, das möchte ich gerne. Als ich nämlich so alt war wie du oder wie Annerose oder noch ein bisschen älter, bin ich immer dabei gewesen. Und wenn der Bauer das Kartoffelfeuer dann angezündet hatte, haben wir die letzten Kartoffeln vom Feld zusammengesucht und hineingeworfen in das Feuer und gewartet, bis sie weich waren. Wir hatten lange Stöcke und haben die Kartoffeln immer gedreht und gedreht, und wenn wir die Stöcke in die Kartoffeln hineinstoßen konnten, dann waren sie weich. Und dann haben wir sie herausgezogen und gegessen. Schnüpperle, das hat geschmeckt! Die Schale war ja dick und schwarz verkohlt, aber wenn wir alle so gemütlich um das Feuer herumgesessen haben, das war …«

»War Oma auch dabei?«

»Nein«, sagt Vater, »Oma doch nicht. Das waren alles Freunde aus der Schule und aus der Nachbarschaft. – So, jetzt werde ich mal die Erde von den Kartoffeln schütteln.« Vater fasst den Korb an den Henkeln und rüttelt und schüttelt die Kartoffeln wie in einem Sieb, damit die Erde herausfällt. »Und jetzt werden wir Mutter die ersten Kartoffeln bringen. Wo bleibt sie eigentlich? Sie wollte uns doch in den Garten nachkommen.«

Wenn du die Buchstaben richtig einträgst, weißt du,
wem das Seepferdchen unten gehört.

August

Die Schwimmweste

Vater ist mit Annerose und Schnüpperle in die Stadt gefahren. Er will für Schnüpperle eine Schwimmweste kaufen. Mutter hat sonst keine Ruhe mehr, wenn Schnüpperle baden geht.

»Ich möchte aber lieber einen Autoreifen haben, so einen schönen roten wie der Junge nebenan.«

»Das ist kein Autoreifen. Das ist ein Schlauch. Und außerdem ist er nicht das Richtige für dich.«

»Warum denn nicht?«

»Weil du aus dem Ding rausrutschen kannst und dann gluckerst du genauso ab wie gestern.«

»Aber man kann sich so schön reinsetzen und mit den Beinen spritzen. Mit einer Weste lachen mich bestimmt alle aus.«

»Aber warum sollten dich die anderen Kinder denn auslachen?«

»Na, wegen dem Schlips.«

»Schlips?«, fragen Vater und Annerose wie aus einem Mund.

»Na ja, wenn du zu Hause eine Weste anziehst, bindest du doch immer einen Schlips mit um.«

Vater und Annerose fangen an zu lachen und dann sagt Annerose: »Schnüpperle, du hast 'n Knall!«

»Ich hab keinen Knall, Donnerwetter! Warum bist du denn schon wieder so frech? Gestern hast du wegen mir geheult, und heute?«

»Jetzt reg dich nicht auf, Schnüpperle«, sagt Vater. »Einen Schlips brauchst du bestimmt nicht umzubinden zu deiner Weste, das verspreche ich dir.«

Vater sucht einen Parkplatz für das Auto, dann gehen sie los.

Es dauert nicht lange, bis sie ein Geschäft gefunden haben, in dem es Schwimmwesten zu kaufen gibt. Aber es gibt auch viele andere Sachen dort: Badekappen, Sonnenöl, Sonnenbrillen. Auf die steuert Annerose gleich zu! Sie sind an einem Ständer aufgesteckt. Darunter steht ein Korb mit Bällen und Gummitieren zum Aufblasen. Die kann man mit ins Wasser nehmen. Schnüpperle will nicht von dem Korb weg.

»Der grüne Frosch ist schön!«, ruft er. »Und dort die Schlange!«

»Das ist ein Krokodil«, sagt Annerose.

Schnüpperle hält ihm den Finger an die Zähne.

»Beißt nicht, ist ein gutes. Sieh mal, Annerose, die schöne weiße Gans, auf der könnt ich reiten.«

»Schnüpperle, du kannst nicht einmal einen Schwan von einer Gans unterscheiden.«

»Wieso? Die hier ist weiß und hat einen langen Hals. Gänse sind doch so.«

»Schwäne auch.«

»Dann kann's genauso gut eine Gans sein.«

»Ach, lass mich in Ruhe.« Sie dreht den Ständer mit den Sonnenbrillen ein Stück weiter.

Inzwischen hat Vater nach einer Schwimmweste gefragt. Die Verkäuferin holt eine und kommt damit um den Ladentisch.

Schnüpperle muss die Arme durch die Träger stecken und Vater sieht nach, ob sich die Schwimmweste auf Schnüpperles Rücken zusammenbinden lässt.

Ja, sie passt.

»Vater«, sagt Schnüpperle, »du kannst mir's glauben, ein Autoreifen wäre besser, weil da Luft drin ist.«

»Aber Schnüpperle, hier kann doch auch welche reingeblasen werden. Pass auf, du sagst mir, welche Schwimmweste dir am besten gefällt, und die puste ich dir auf.«

Schnüpperle ist für die gelbe. Es sind lauter kleine rote Fische darauf. Vater fängt gleich an zu blasen.

»Na, was habe ich dir gesagt?« Er hält Schnüpperle die Weste hin.

»Och«, sagt Schnüpperle. »Jetzt ist es aber eine dicke Kiste geworden und so hart. Vater, ich behalt sie gleich an.«

Schnüpperle geht zum Spiegel neben der Tür und beguckt sich. Er reckt die Arme in die Höhe und ruft: »Immer ran! Immer ran! Ich stemm jeden in die Luft wie eine Fliege! Ich bin der dicke Herr Schimbulla, der stärkste Mann vom Schützenfest! Der stärkste Mann der ganzen Wöööölt!«

»Schnüpperle, schrei hier nicht so rum«, sagt Vater.

Annerose hat nur Augen für die Sonnenbrillen.

»Vater«, sagt sie, »mich blendet die Sonne immer so unten am Wasser.«

»Aha.«

»Und hier gibt's so schöne Sonnenbrillen.«

»Aha. Und darf man fragen, welche du in die engere Wahl gezogen hast?«

»Diese, Vater, ich hab sie schon aufprobiert. Passt genau, sieh mal.«

Die Sonnenbrille hat zu den dunklen Gläsern einen breiten lila Rand. Anneroses Gesicht ist dahinter kaum noch zu sehen.

Vater seufzt. »Ich weiß nicht, Annerose, mir wäre etwas Einfacheres lieber.«

»Ach, Vater, immer soll ich was Einfacheres kriegen. Ich bin überhaupt kein bisschen modern. Die anderen in meiner Klasse haben immer so schnuckelige Sachen, bloß ich nicht.«

»Das wird ja nicht stimmen«, sagt Vater, »aber … also meinetwegen.«

Annerose stellt sich hinter Schnüpperle und guckt in den Spiegel.

»Findest du mich schön?«, fragt sie.

»Ein bisschen schön auch«, antwortet Schnüpperle.

»Aber weißt du, wer genauso aussieht wie du? Die Eulen in meinem Bilderbuch.«

Schnüpperle und Annerose können sich auch selber einen Sonnenschutz basteln.

Zwei Klorollen mit Geschenkpapier umwickeln und aneinander kleben. Gummischnur befestigen: Fertig ist ein »Fernglas«, das die Augen vor direkter Sonne schützt.

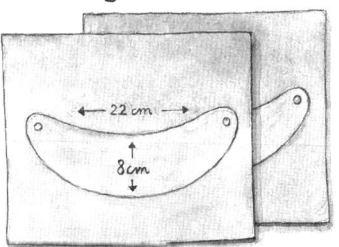

Ein Sonnenschild wird zweifach aus Karton geschnitten.

Zwischen die beiden Kartons kleine Figuren einkleben.

An den Enden lochen und Gummiband durchziehen.

Mein Opa ist ein oller Seebär

Am Wochenende wollen Vater, Mutter, Annerose und Schnüpperle an die See fahren. Das Wetter ist gar so schön geworden. Nur Oma bleibt zu Hause, wegen Purzel.

»Den dürfen wir nämlich nicht mit an den Strand nehmen«, sagt Schnüpperle zu Susanne.

»Ich weiß. Wir haben Knirpsi neulich auch nicht mitnehmen dürfen. Aber wir haben uns einen Strandkorb gemietet.«

»Einen Strandkorb?«, fragt Schnüpperle.

»Warum?«

»Weil wir nicht immer bloß im Sand sitzen wollten und in der Sonne auch nicht.«

»Aber in einem Korb kann man doch nicht gut sitzen. Ich hab mal in Purzels Korb gesessen.«

»In einem Strandkorb ist eine Bank drin.«

»Ein Korb mit einer Bank? So was Komisches hab ich noch nie gehört.«

»Du wirst es schon sehen«, sagt Susanne.

»Aber ich will nicht in einem Korb sitzen«, sagt Schnüpperle. »Ich will eine Burg bauen, eine ganz große. Vater hilft mir dabei. Wir nehmen Schaufeln mit und Eimer. Und ich hab auch schon eine Fahne von Pipo, die steck ich oben rein.«

»In den Korb?«, fragt Susanne.

»Nein, in die Burg. Wir bauen nämlich zwei Türme drauf«, sagt Schnüpperle.

»Ich hab an unseren Korb zwei rote Luftballons gebunden, damit ich ihn nicht suchen musste.«

»Sind denn so viele Körbe da?«, fragt Schnüpperle.

»Und wie. Ganz lange Reihen und hintereinander

auch noch. Man muss genau aufpassen, dass man den richtigen wieder findet.«

»Ich guck mal in meiner Spielzeugkiste nach, ob ich noch einen Luftballon habe«, sagt Schnüpperle.

»Du kannst doch die Fahne nehmen.«

»Nein, die Fahne steck ich auf die Burg. Vater hat gesagt, wenn die Ritter zu Hause waren, musste immer eine Fahne auf dem Turm sein.«

»Ich finde Burgbauen blöde«, sagt Susanne. »Man kann doch gar nichts damit anfangen.«

»Ich schon. Ich lass meine Autos drin fahren.«

»Das geht ja gar nicht im Sand.«

»Meine können fahren, Donnerwetter.«

»Ritter haben doch gar keine Autos gehabt.«

»Meine schon.«

»Und wenn morgen kein schönes Wetter ist?«

»Morgen ist schönes Wetter, da kannst du dich drauf verlassen. Der Mann im Radio hat's gesagt und der im Fernsehen auch. Und jetzt geh ich rein, ich muss meinen Rucksack packen. Ich hab nämlich eine neue Badehose gekriegt.«

»Welche Farbe?«, ruft Susanne hinter Schnüpperle her.

»Zwitscheringrün.«

»Was soll denn das für eine Farbe sein?«

Aber das hört Schnüpperle nicht mehr, er ist schon im Haus verschwunden.

Am nächsten Morgen fahren sie noch vor dem Frühstück los. Zuerst beziehen sie ihr Zimmer in einem Haus hinter dem Strand.

Welches Kind gehört zu welcher
Sandburg? Ordne die richtigen
Buchstaben zu und du kannst
lesen, wie die Kinder heißen.

»Wunderbar«, sagt Mutter. »Vom Balkon aus kann man die See und den Strand sehen.«

»Vater, kannst du mir sagen, warum ihr immer Pangsion sagt«, fragt Annerose. »Auf dem Schild vor dem Haus steht doch ›Pension‹?«

»Das ist ein französisches Wort, Annerose, deshalb. Aber jetzt wollen wir auf dem schnellsten Weg ans Wasser hinunter. Meint ihr nicht auch?«

Gleich neben dem Eingang zum Strand sitzt ein Mann, der die Strandkörbe vermietet. Vater bekommt die Nummer 100, und als sie ihren Strandkorb gefunden haben, ruft Schnüpperle:

»Das sind doch gar keine Körbe, das sind ja kleine Buden, da können wir was verkaufen.«

»Aber nicht aus unserem Picknickkorb«, sagt Vater. Mutter hat ihn inzwischen aufgemacht und sie staunen, was sie alles Gutes eingepackt hat. Eier und Käse, frische Brötchen und Obstsalat. Vom Wasser her kommt ein warmer Wind und die Wellen machen immer schwapp, schwapp, schwapp und die Möwen wagen sich bis an den Strandkorb heran.

»Ich geh gleich mit Mutter baden«, sagt Annerose.

»Und ich bau gleich die Burg«, sagt Schnüpperle.

»Vater, du hilfst mir doch, nicht?«

»Wie versprochen«, sagt Vater.

Als Annerose und Mutter gegangen sind, zieht Vater mit dem Schaufelstiel einen Ring in den Sand. »So groß soll unsere Burg werden.«

»Und wie hoch?«, fragt Schnüpperle.

Vater zeigt es ihm und auf einmal sagt ein Junge: »Da müsst ihr aber ganz viel Wasser holen, mit dem trockenen Sand wird das nichts. Der pappt nicht.«

»Stimmt«, sagt Vater, »aber wir haben ja Eimer dabei.«

»Darf ich mithelfen?«, fragt der Junge.

»Wenn du möchtest«, sagt Schnüpperle. »Kannst ja Wasser holen.«

»Mach ich.« Er nimmt Schnüpperles Eimer und rennt los. Inzwischen schaufeln Vater und Schnüpperle eine tiefe Kuhle und türmen den Sand rings-

herum auf. Als der Junge zurückkommt, gießt er vorsichtig Wasser darauf. Es dauert nicht lange und der Burgwall wird höher und höher.

»Du musst ihn ordentlich beklopfen, damit er nicht gleich wieder zusammenfällt«, sagt der Junge.

»Sehr richtig«, sagt Vater und klopft. Sie schippen, klopfen und wässern, schippen, klopfen und wässern.

»Habt ihr auch einen Strandkorb?«, fragt Schnüpperle den Jungen.

»Nö«, sagt der Junge. »Ich bin alleine hier. Mein Opa wohnt dort drüben, bei dem bin ich gerade zu Besuch.«

»Da hast du's aber gut«, sagt Vater. »Du kannst jeden Tag an den Strand kommen.«

»Hm. Aber jeden Tag Burg bauen ist Mist. Die fällt ja doch immer wieder zusammen oder einer reißt alles ein.«

»Kommt dein Opa manchmal auch hierher?«, fragt Schnüpperle.

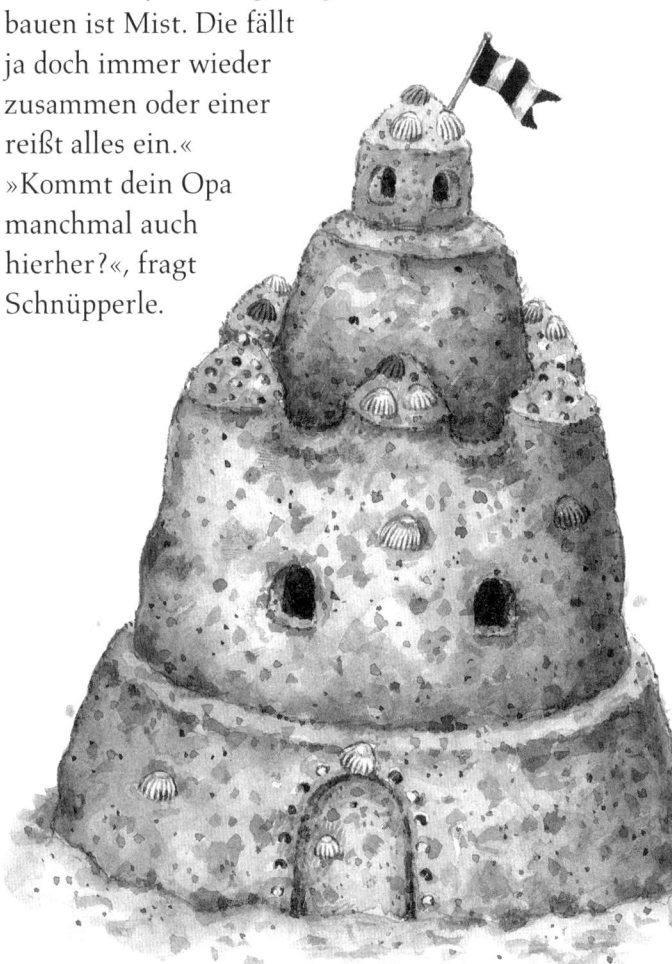

»Eigentlich nicht«, sagt der Junge. »Opa hat ein Boot, da fährt er mit raus. Der ist nämlich ein oller Seebär.«

»Was für ein Bär ist dein Opa?«, fragt Schnüpperle ungläubig.

»Ein alter Seebär.«

»Oh!«, ruft Schnüpperle. »Kann er denn auch brummen?«

Der Junge tippt sich an die Stirn. »Mein Opa ist ein Seemann gewesen und zu solchen Leuten kann man auch Seebär sagen. Deshalb hat er auch das Boot. Und weißt du, was wir gemacht haben? Wir sind rausgefahren und haben eine Flaschenpost ins Meer geworfen.«

»Eine Flaschenpost? Was ist denn das?«, fragt Schnüpperle.

»Das ist ein Brief, der in einer Flasche steckt.«

»Das geht doch gar nicht«, sagt Schnüpperle.

»Doch, das geht, wenn man den Brief rollt und in die Flasche steckt. Und dann haben wir sie zugekorkt und ins Meer geworfen. Jetzt schwimmt sie schon zwei Tage und ich bin gespannt, wo sie ankommt. Vielleicht in Amerika, hat Opa gesagt, oder in Afrika.«

»Ist das weit?«, fragt Schnüpperle.

»Hach, du hast ja keine Ahnung, wie weit das ist.«

»Und dann?«, fragt Schnüpperle.

»Wer die Flasche findet, der hat dann einen Brief von Opa und mir.«

»Und dann?«, fragt Schnüpperle.

»Dann können sie mir schreiben, dass sie meinen Brief gekriegt haben.«

»Da wirst du dich bestimmt freuen«, sagt Vater.

»Aber jetzt brauchen wir Muscheln und Steine. Unsere Burg soll doch schön aussehen.«

»Ich geh mit meinem Eimer los«, ruft Schnüpperle und rennt ans Wasser. Der Junge geht in die andere Richtung.

Plötzlich hören sie Schnüpperle schreien: »Ich hab was gefuuuunden! Ich hab es gefuuuunden!« Und dann kommt Schnüpperle angerannt. »Guckt doch mal.« Schnüpperle hält etwas Grünes hoch.

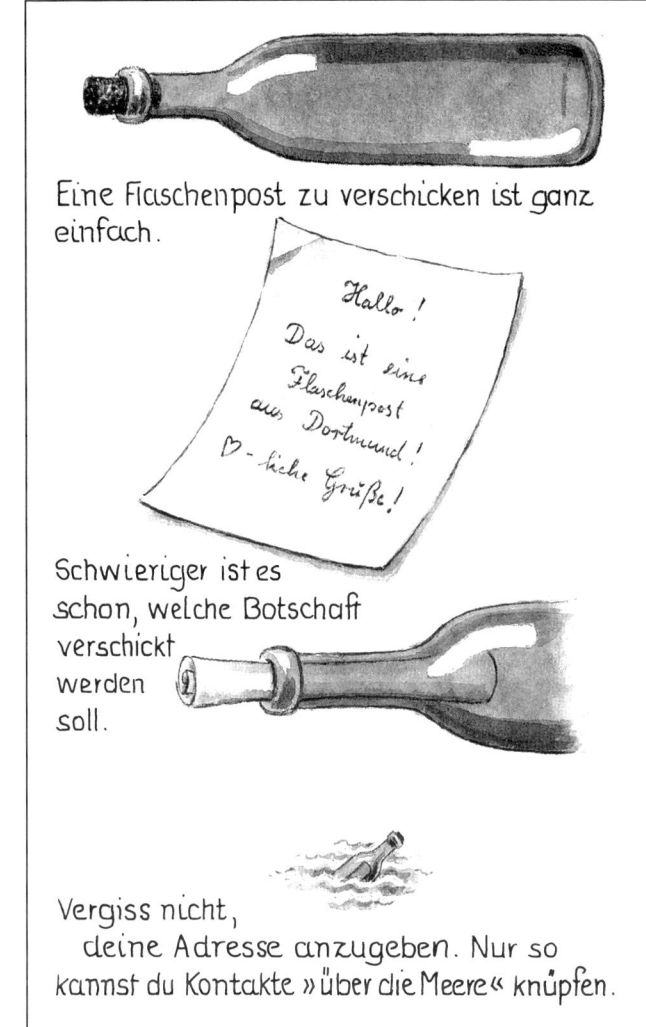

Eine Flaschenpost zu verschicken ist ganz einfach.

Hallo !
Das ist eine
Flaschenpost
aus Dortmund !
D - liche Grüße !

Schwieriger ist es schon, welche Botschaft verschickt werden soll.

Vergiss nicht, deine Adresse anzugeben. Nur so kannst du Kontakte »über die Meere« knüpfen.

Mutter kommt mit Annerose gelaufen. Vater und der Junge sind schon da.

»Das ist ja meine Flaschenpost«, ruft der Junge.

»Meine schöne Flaschenpost … und ich dachte, sie schwimmt bis nach Amerika.«

Sie sehen alle, wie traurig der Junge ist.

»Du kannst es doch noch mal versuchen«, sagt Vater. »Vielleicht klappt es beim nächsten Mal. Es muss ja nicht gleich Amerika sein.«

»Und wir stecken auch noch einen Gruß in die Flasche«, sagt Mutter.

»Oh ja«, ruft Schnüpperle, »das machen wir. Wir schreiben, was Oma immer drunterschreibt:

Und zum Schluss, Gruß und Kuss,
weil der Brief zum Postamt muss.«

Prost allerseits!

Schnüpperle und Annerose sind heute nicht aus dem Wasser herauszukriegen. Sie planschen und spritzen wie noch nie. Es ist ihr letzter Tag am Meer. Auch Vater und Mutter bleiben am Wasser, solange es geht. Erst spät am Nachmittag packen sie ein.

Zum Abendessen fahren sie in die Stadt, weil Mutter keine Arbeit haben soll.

Vater hat einen Gasthof ausgesucht, der mitten in einem großen Garten liegt. Viele Sträucher mit weißen und rosa Blüten stehen darin und die Lampen sind schon angezündet.

Sie suchen sich einen Tisch und setzen sich.

»Annerose sieht aus wie ein feines Fräulein«, sagt Schnüpperle.

»Warum denn das?«, fragt Vater.

»Weil sie die Beine so verschränkt hat, und dann die Sonnenbrille!«

»Bin ich ja auch«, sagt Annerose und reckt ihren Hals.

»Huch!«, macht Schnüpperle.

Da kommt auch schon der Kellner und bringt die Speisekarte.

»Ich möchte so lange Nudeln«, sagt Schnüpperle und streckt die Arme nach beiden Seiten.

»Ah, ich kann mir's denken!«, ruft Annerose. »Du willst Spa… Spa… na, weißt du's jetzt?«

»Ja, stimmt, Spargeletti will ich. Aber ganz viele, und so schöne rote Soße drüber.«

»Spargeletti, ich lach mich krank!«, sagt Annerose. »Spagetti heißen sie.«

»Möchtest du auch eine Suppe?«, fragt Vater. Schnüpperle schüttelt den Kopf. »Ich koste mal bei dir und mal bei Mutter und bei Annerose.«

»Und wenn ich dir nichts gebe?«, fragt Annerose.

»Koste ich bei Mutter eben zweimal, so!«

Vater bestellt alles, was sie essen wollen. Wein bestellt er auch und für Annerose und Schnüpperle eine Limo.

»Heut ist es wie zu Hause beim Geburtstag«, sagt Schnüpperle.

»Passt mal auf, jetzt mach ich's wie Opa.« Schnüpperle hebt ein Glas und ruft: »Prost allerseits!« Er trinkt und stellt mit einem Bums das Glas wieder hin. »Ooch, war das ein Zug!«

Die Leute am Nebentisch fangen an zu lachen.

»Schnüpperle, nicht so laut!«, sagt Mutter.

Jetzt bringt der Kellner die Suppe.

»Hm, riecht gut!« Schnüpperle kostet reihum, lehnt sich wieder zurück und wartet auf die Spagetti. Nicht lange, da bringt der Kellner für jeden einen Teller voll, aber für Schnüpperle einen besonders großen. Rote Fleischsoße ist darüber gegossen und geriebener Käse kommt auch noch darauf. Mutter bindet Schnüpperle die Serviette um.

»Und jetzt machst du es, wie ich's dir gesagt habe. Ein paar mit der Gabel anspießen und dann drehen.«

Schnüpperle nickt und fährt mit der Gabel mitten in den Teller. Er dreht und dreht und schon hat er einen richtig dicken Klumpen zusammengedreht.

Die langen Nudeln wollen kein Ende nehmen.
Aber Schnüpperle kann es nicht mehr erwarten. Er
sperrt den Mund auf und stopft das Knäuel hinein.
»Schnüpperle!«, ruft Annerose. »Deine Soße
spritzt ja über den ganzen Tisch!«
»Kann doch nichts dafür«, mummelt Schnüpperle.
Die Spagetti hängen ihm aus dem Mund. Er wirft
die Gabel hin und reißt sie mit den Händen ab.
Dann schiebt er den Teller zurück. »Ich hab über-
haupt keine Lust mit den langen Dingern.«
»Du musst es eben viel langsamer machen«, sagt
Annerose.
»Und du musst nicht immer zu mir rübergucken«,
sagt Schnüpperle.
Mutter hilft ihm. Sie teilt die Spagetti in kleine
Stücke und jetzt kann sich Schnüpperle das Essen
in aller Ruhe schmecken lassen. Unterdessen
wischt sich Mutter die roten Spritzer von ihrem
Kleid und Vater putzt an seiner Krawatte herum.
Endlich hat Schnüpperle seinen Teller leer.
»Hat mir sehr gut geschmeckt.« Dann nimmt er

die Serviette und wischt sich das Gesicht ab wie
mit einem Waschlappen.
»Wenn du mir die Spargeletti gleich so klein
geschnitzelt hättest, dann wäre dein Kleid jetzt
nicht so gepunktet.«

Spagetti wie in »Hitalien«

Du brauchst: Topf mit 2-3 Liter Wasser
250 g Spagetti · 1 Teelöffel Salz
2 Esslöffel Öl · etwas Butter
geriebenen Käse

Wasser mit Salz zum
Kochen bringen. Spagetti
senkrecht hineinstellen und langsam »versenken«.
Öl dazugeben, damit sie nicht aneinander kleben.

Für die Soße brauchst du:
1 Zwiebel · 1 Dose geschälte Tomaten
½ Brühwürfel · Pfeffer · Oregano

10 - 15 Minuten ohne Deckel leicht sprudeln
lassen. Dann in ein Sieb schütten, abtropfen
lassen. In eine vorgewärmte Schüssel schütten,
Butter dazugeben. Mit geriebenem Käse servieren.

Zwiebeln würfeln und glasig dünsten. Tomaten, 2 Tassen heißes Wasser, Brühwürfel
und Gewürze dazugeben und ca. 10 Minuten
kochen lassen.

Hoffentlich gibt es noch Schultornister

»Schnüpperle«, ruft Susanne, »willst du mal was sehen?«

Sie geht vor dem Haus hin und her. Auf dem Rücken hat sie ihren Schultornister. Schnüpperle reißt die Tür auf und rennt die Treppe hinunter.

»Der ist aber schön, Donnerwetter.«

»Ja, nicht? Gelb und weiß, so einen kannst du nicht mehr kriegen. Es war nämlich der allerallerletzte.«

»Lässt du ihn mich auch mal tragen?«

»Jetzt noch nicht, jetzt will ich erst mit ihm losgehen.«

»Oha, jetzt wird es aber ernst mit euch beiden.« Das ist die Zeitungsfrau. »So ein schöner Schultornister«, sagt sie und drückt Susanne die Zeitung in die Hand. »Hast du auch schon einen, Schnüpperle?«

Schnüpperle schüttelt den Kopf. »Erst wenn meine Oma fertig ist mit Baden«, sagt er.

»Dann kann es ja nicht mehr lange dauern.«

»Dauert's aber noch, leider.«

»Aber Schnüpperle, da wird ja das Badewasser kalt.«

»Überhaupt nicht«, sagt Schnüpperle, »das ist immer ganz warm, jeden Tag.«

»Ach so, deine Oma ist in der Badeanstalt. Dann dauert's aber trotzdem nicht mehr lange, bis sie nach Hause kommt.«

»Dauert's doch, weil sie hier hinten eine Scheibe hat.«

Schnüpperle zeigt auf seinen Rücken. »Deshalb wird sie doch auch immer gestrichen, so.« Schnüpperle macht es der Zeitungsfrau vor.

»Ach, deine Oma ist zur Kur«, sagt die Zeitungsfrau, »dann wird sie wohl massiert und muss baden.«

»Und deshalb muss Schnüpperle immer noch auf seinen Schultornister warten«, sagt Susanne.

»Ja, den kauft nämlich Oma. Bei Susanne war es genauso, aber wenn es noch lange dauert, gibt's vielleicht keine mehr und ich werde verrückt.«

Zum Glück kommt Oma vier Tage später. Am Nachmittag geht sie mit Schnüpperle den Schultornister kaufen. Mutter und Annerose gehen mit.

»Es sind ja noch so viele da«, sagt Schnüpperle, »bloß weiß und gelb nicht, aber das macht nichts.« Die Verkäuferin nimmt einen roten Tornister vom Ständer und setzt ihn vor Schnüpperle hin, dann kommt ein blauer dazu, ein rosafarbener und ein grüner.

»Na, mit welchem möchtest du denn am liebsten in die Schule gehen?« Sie schiebt die blitzenden Schnallen durch die Ösen und lässt Schnüpperle in die Schultornister hineinsehen. »Sehr geräumig sind sie alle. Der blaue hat das Fenster für den Namen an der rechten Seite, der grüne hat es auf der Klappe. Natürlich haben sie alle eine Extratasche für das Frühstücksbrot.« Sie zieht den Reißverschluss auf und lässt Schnüpperle mit den Händen hineinfahren.

»Extratasche«, sagt er leise, »Extratasche, da kann ich auch Äpfel mitnehmen, nicht, Oma?«

»Natürlich, aber das muss immer alles hierhinein, damit deine Bücher und deine Hefte nicht fleckig werden.«

»Oma«, sagt Annerose, »glaub mir, Schnüpperles Bücher werden trotzdem Flecke kriegen. Er hat mir ja mein Märchenbuch auch voller Fettflecke gemacht.«

»Ach du«, ruft Schnüpperle, »es sind bloß drei, weil ich die Bilder gesucht habe.«

»Und dabei hast du Butterschnitte gegessen und beim Umblättern hast du immer am Finger geleckt, so etwas macht man überhaupt nicht.«

»Jetzt weiß ich's ja«, sagt Schnüpperle, »und ich werd's schon nicht mehr machen, Donnerwetter, und mit meinen Schulbüchern bestimmt nicht.«

»Das Märchenbuch zeigst du mir nachher, Annerose«, sagt Oma, »und dann reden wir noch mal drüber. Aber jetzt wollen wir ja den Tornister kaufen und Schnüpperle soll sagen, welcher ihm am besten gefällt.«

Schnüpperle geht um die Tornister herum. Alle sind aufgeklappt. Die Verkäuferin klappt sie wieder zu, und als Schnüpperles Augen an dem hellblauen hängen bleiben, nimmt sie ihn und lässt Schnüpperle zuerst den rechten und dann den linken Arm durch die Träger stecken.

»Dort ist ein Spiegel«, sagt sie und geht mit ihm ein paar Schritte.

Zuerst sieht er sich von vorn an, dann von der einen und dann von der anderen Seite. Dann sagt er: »Aber jetzt möchte ich mich mal mit dem grünen sehen.«

Dann kommt der rosafarbene an die Reihe.

»Ich würde den blauen nehmen«, sagt Annerose. Und Oma sagt: »Mir gefällst du mit Blau auch am besten.«

»Na gut, dann nehm ich blau.«

»Soll es auch noch eine Büchse für das Frühstücksbrot sein?«, fragt die Verkäuferin. »Dann kann ja überhaupt nichts durchfetten.« Und schon legt sie fünf Schnittenbüchsen auf den Ladentisch.

»Nötig ist es nicht«, sagt Mutter.

»Aber Annerose hat auch eine«, sagt Schnüpperle und sucht sich eine weiße Büchse für das Frühstücksbrot aus. Die Verkäuferin steckt sie in die Extratasche, dann wird der Tornister eingepackt.

»Darf ich ihn Vater zeigen?«, fragt Schnüpperle, als Oma an der Kasse bezahlt.

»Aber sicher, es sind doch bloß noch ein paar Tage bis zum Schulanfang.«

Abends, als sie Vaters Auto hören, schnallt sich Schnüpperle seinen schönen blauen Schultornister auf den Rücken, und als Vater die Tür aufmacht, geht Schnüpperle immer im Kreis herum.

»Oha«, ruft Vater, »ein Tornister mit Rücklichtern, wie bei meinem Auto.«

»Mit Rücklichtern?«, fragt Schnüpperle.

Vater nimmt eine Taschenlampe und strahlt die Schnallen von Schnüpperles Tornister an.

»Wunderbar!«, ruft Oma.

»Genau wie beim Auto!«, ruft Annerose.

»Sehr gut zu sehen«, sagt Mutter.

»Ich möchte auch mal gucken!«, ruft Schnüpperle.

Vater nimmt Schnüpperle den Tornister ab und leuchtet mit der Taschenlampe wieder auf die Schnallen.

»Donnerwetter!«, ruft Schnüpperle. »Donnerwetter, ich hab aber einen dollen Tornister. Bloß gut, dass ich so lange gewartet habe.«

Welcher Schulranzen gehört Schnüpperle ?

September

Was ist ein Fu?

Zuerst kauft Mutter mit Schnüpperle die Hefte und die Bücher ein. »So«, sagt sie, »und jetzt muss ich noch Wolle besorgen.«

»Wolle?«, fragt Schnüpperle, »für einen Pullover?«

»Nein, das wird kein Pullover, aber es ist auch für die Schule und heißt Fu.«

»Fu, Mutter, was ist denn das?«

»Das ist ein lustiger Kerl, der dir beim Lesenlernen hilft.«

»Und warum gehen wir Wolle kaufen?«

»Weil der Fu gestrickt werden muss.«

»Ach, Mutter, sag's mir doch mal richtig. Ich kann das überhaupt nicht verstehen.«

»Du wirst es schon sehen, Schnüpperle. – Ich möchte einen Knäuel Wolle«, sagt Mutter im Wollladen.

»In welcher Farbe?«, fragt die Verkäuferin. »Und was soll es denn werden?«

»Ein Fu«, sagt Schnüpperle, »aber ich weiß überhaupt nicht, was das ist.«

Die Verkäuferin langt unter den Ladentisch und zieht sich einen Fu über die Hand. »So sieht der aus«, sagt sie.

»Hach«, ruft Schnüpperle, »das ist ja ein richtiger Frickfrack.«

Die Verkäuferin sieht den Fu auf ihrer Hand an. »Hast du das gehört, du sollst ein Frickfrack sein.« Sie lässt den Fu seinen schwarzen Mund aufreißen. »Nein, nein, ich bin der Fu – Fuuu, verstanden!« Dazu schüttelt der Fu seinen schwarzen Puschelkopf.

Schnüpperle lacht und lacht. Dann muss er sich die Farbe aussuchen, die sein Fu haben soll. Gelb ist da, Rot, Orange, Blau, Grün.

»Diese Farbe möchte ich haben.«

»Oh«, sagt die Verkäuferin, »Pink.«

»Pink«, piepst Schnüpperle, »pink, pink, pink.«

»Die Farbe heißt so«, sagt Mutter und sucht die weißen Knopfaugen für den Fu aus und Stoff für die schwarzen Ohren und ein bisschen schwarze Wolle für den Mund. Die Verkäuferin packt alles ein und Mutter bezahlt.

Auf dem Heimweg hopst Schnüpperle vor Mutter her.

»Fu-Fu-Fu«, singt er, »ich und du – Müllers Kuh, Müllers Esel, der bist du.« Dann singt er: »Pink – pink – pink … Mutter, was passt denn hinten mit Pink zusammen?«

»Fink«, sagt Mutter, »oder flink, was anderes fällt mir jetzt auch nicht ein. ›Pink – pink – pink‹, singt der Fink«, sagt Mutter.

»Flink – flink – flink«, ruft Schnüpperle.

Zu Hause setzt sich Mutter hin und fängt gleich an zu stricken.

»Wie lange dauert es denn mit dem Fu?«, fragt Schnüpperle.

»Vor morgen ist er nicht fertig.«

»Ist gut, ich geh mal rüber zu Susanne.«

Susanne steht mit ihrem Puppenwagen vor dem Haus.

»Strickt dir deine Mutter auch einen Fu?«, fragt Schnüpperle.

»Nee, meine Mutter hat keine Lust dazu.«

»Dann hast du ja gar keinen Fu, wenn du in die Schule kommst.«

»Dann habe ich eben keinen«, sagt Susanne, »unsere Lehrerin hat ja einen.«

»Aber ich krieg einen von Mutter gestrickt. Morgen ist er fertig. Dann braucht er bloß noch die Augen drangenäht zu kriegen und die Ohren und den schwarzen Puschelkopf.«

»Ist das wahr?« Susanne setzt sich auf die Treppe.

»Schade, ich möchte auch gerne einen haben. Habt
ihr nicht noch einen Fu von Annerose?«

»Nein, Annerose hat was ganz anderes. Die hat
einen Tabakuk oder so. Der hängt bei ihr überm
Bett. Den rückt sie bestimmt nicht raus, du kannst
dich drauf verlassen.«

»Schnüpperle, könntest du nicht deine Mutter
fragen, ob sie mir auch einen Fu strickt? Ich
möchte doch auch gerne einen haben, wenn du
einen hast. Wie sieht denn dein Fu überhaupt
aus?«

»Wie ein richtiger Frickfrack«, sagt Schnüpperle.
»Er hat ganz schwarzes Puschelhaar und schwarze
Ohren und einen schwarzen Mund.«

»Woher weißt du denn das alles?«

»Weil ich ihn in dem Geschäft gesehen habe, in
dem wir die Wolle für ihn gekauft haben.«

»Was für eine Farbe kriegt denn dein Fu?«

»Pink«, sagt Schnüpperle.

»Pink.« Susanne tippt sich an die Stirn. »Pink gibt
es überhaupt nicht.«

»Gibt es doch«, sagt Schnüpperle, »und wenn du's
nicht glaubst, dann strickt dir Mutter bestimmt
keinen.«

»Und wie sieht Pink aus?«

»Och, so Rosa und ein bisschen Rot, so ähnlich wie
Anneroses neuer Rock, eben Pink, Donnerwetter «
Susanne schiebt ihren Puppenwagen hin und her.

»Ob wir deine Mutter mal fragen gehen?«
Schnüpperle nickt. »Und was für eine Farbe willst
du?«

»Das weiß ich jetzt noch nicht. Wir müssen doch
erst in das Geschäft gehen, wo ihr die Wolle
gekauft habt.«

»Aber ich weiß schon, was du für eine Farbe
nimmst. Du nimmst Penk. Und wenn wir dann
zusammen in der Schule sitzen, sagt dein Fu
immer: ›Penk – penk – penk‹, – und meiner sagt:
›Pink – pink – pink.‹«

»Meinst du, dass die Fus das machen dürfen?«

»Warum denn nicht? Aber jetzt gehen wir nachsehen, wie weit Mutter schon mit meinem Fu ist.«

Ein Fu für Schnüpperle

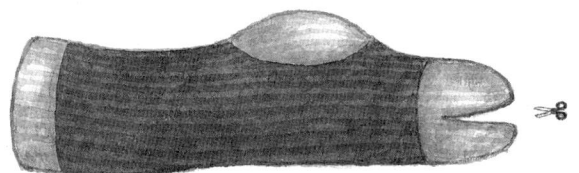

In eine alte Socke einen Mund
einschneiden.

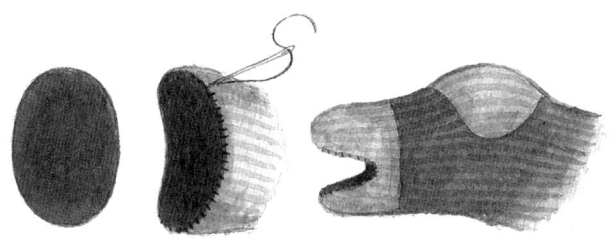

So wird das Filzstück für den
Mund eingenäht.

Filzreste für Augen und Ohren.
Wolle für die schwarzen Puschelhaare.

Fertig ist der
Socken-Fu

Der erste Schultag

»Susanne hat ihre Schultüte schon gesehen«, sagt Schnüpperle. Er ist zu Oma ins Bett gekrochen.
»Wie kommt denn das?«
»Weil sie suchen gegangen ist. Weißt du, wo die Tüte steckt? Im Kleiderschrank.«
»Aber dann hat Susanne morgen doch keine richtige Freude mehr.«
»Hat Mutter auch gesagt, Oma. Aber Susanne hat so gemacht: ›Püüh. Warum denn nicht, ich weiß doch überhaupt nicht, was drin ist.‹ – Hast du meine Schultüte vielleicht schon gesehen, Oma?«
»Ein bisschen.«
»Weißt du, was drin ist, Oma?«
»Auch nur ein bisschen.«
Schnüpperle seufzt.
»Ach, Oma, du kannst dir überhaupt nicht denken, wie's mir im Bauch killert. Manchmal gluckert's richtig, wie Schluckauf.«
»Wie wäre es denn, Schnüpperle, wenn ich dir eine Geschichte vorlese?«
»Oder du mich raten lässt, was für eine Farbe meine Schultüte hat? Du brauchst mir ja nicht zu sagen, ob ich richtig geraten habe.«
»Nein, Schnüpperle, ich erzähl dir lieber, wie ich das erste Mal in die Schule gekommen bin. Ich bin nämlich mit der Kutsche gefahren, zusammen mit meiner Freundin. Zwei Pferde waren davor gespannt.«
»Eins hat dir gehört und eins deiner Freundin, nicht, Oma?«
»Nein, sie haben beide dem Vater meiner Freundin gehört.«
»Und was für eine Farbe hatte deine Schultüte?«
»Ganz bunt, und oben war eine goldene Spitzenborte dran.«
»Und was war in deiner Schultüte drin?«

»Alles Mögliche.«
»Ist in meiner Schultüte auch alles Mögliche drin?«
»In jeder Schultüte ist alles Mögliche drin.«
»Oma, ich glaube, ich mach heut Nacht kein Auge zu.«
»Was Schnüpperle bloß wieder für einen Quatsch redet.« In der Tür steht Annerose.
»Das ist kein Quatsch, Donnerwetter, das sagt Oma auch manchmal.«
»Bei Oma ist das was ganz anderes. Komm jetzt rüber ins Bett, damit du morgen früh ausgeschlafen bist.«

Am anderen Morgen steht Schnüpperle schon lange vor der Haustür, bevor der Bus mit den Schulpaten kommt. Nebenan steht Susanne. »Das dauert aber lange«, ruft sie, »die ganze Schule macht mir keinen Spaß, wenn man immer so lange warten muss.«
Dann biegt der Bus um die Ecke, hält an und die Schulpaten springen heraus. Schnüpperle und Susanne rennen los. Vater, Mutter und Oma winken und Schnüpperles Hund steht da und lässt die Ohren hängen. Im Bus sagt Schnüpperles Schulpate: »Hier hast du deine Karte mit dem Namen drauf.«
»Ich kann doch noch gar nicht lesen.«
»Weiß ich, aber ich habe noch etwas anderes draufgemalt.«
»Eine Schultüte«, ruft Schnüpperle.
»Das ist doch keine Schultüte, das ist eine Eistüte, die liegt auch auf deinem Platz in der Klasse und die musst du suchen.«
»Liegt sie schon lange dort?«
»Seit heute früh.«

Alle Schulanfänger bekommen
eine Karte mit ihrem Namen und einem Bild
und sollen nun ihre Plätze finden. Wo sitzt
Schnupperle? Wo sitzen die anderen
beiden Schulanfänger?

»Aber dann ist sie doch schon ganz weich, dann schmeckt sie doch nicht mehr.«

»Das ist doch keine richtige Eistüte, die habe ich bloß aufgemalt, damit du deinen Platz schneller findest.«

Dann sind sie auch schon im Schulhof. Die Paten gehen mit den Schulanfängern durch die große Tür. Dort steht die Lehrerin mit einem grünen Fu.

»Ich freue mich ganz doll, dass ihr endlich gekommen seid«, sagt der grüne Fu.

Danach helfen die Paten den Schulanfängern zuerst ihre Klasse finden und dann ihre Plätze. Schnüpperle braucht nicht lange zu suchen, dann hat er die kleine Karte mit der Eistüte gefunden.

»Die Eistüte auf meinem Platz und die Eistüte auf meiner Karte sind Zwillinge«, ruft er, »deshalb muss ich hier sitzen.«

»So, liebe Schulanfänger«, sagt die Lehrerin, »jetzt habt ihr eure Plätze gefunden und jetzt sage ich euch, wie ich heiße. Wenn ihr etwas von mir wollt, dann ruft ihr: Frau Bornbrügge.«

Bei Schnüpperle am Tisch sitzen Susanne, Anna und Sascha. Sie gucken alle zu Frau Bornbrügge hin. Frau Bornbrügge spricht ihnen einen Vers vor, den sie alle lernen sollen.

Eins, zwei, drei, vier, fünf, sechs, sieben,
in der Schule wird geschrieben,
in der Schule wird gelacht,
bis die ganze Schule kracht.

»So«, sagt Frau Bornbrügge, »und jetzt sagen wir es alle.«

Und schon geht es los. »Eins, zwei, drei, vier, fünf, sechs, sieben …« Schnüpperle guckt immer auf Anna, weil sie den Vers schon kann. »… in der Schule wird geschrieben, in der Schule wird gelacht …«

»Das klappt ja prima«, ruft Frau Bornbrügge.

»Damit ich euch kennen lerne, gebe ich jetzt jedem einen Bogen Papier. Ihr nehmt aus euren Schulranzen die Wachsmalstifte heraus und malt euren Vater drauf, die Mutter, euch selber und eure Geschwister.«

»Ich habe überhaupt keine Geschwister«, ruft Susanne.

»Dann mal deine Oma und deinen Opa dazu.«

Schnüpperle weiß nicht, wie er Vater malen soll, braun oder schwarz. Er sieht zu Sascha hinüber. Sascha hat seinen roten Vater schon fertig und seine rote Mutter zur Hälfte.

»Rote Leute gibt es doch überhaupt nicht«, sagt Schnüpperle.

Sascha stört es nicht. Er malt jetzt auch noch seine kleine rote Schwester und dann sich selber. Schnüpperle guckt zu.

»Warum malst du denn nicht endlich?«, fragt Susanne.

Schnüpperle fängt an. Er malt eine blaue Mutter, einen grünen Vater und eine rote Annerose. Als er zu Sascha hinübersieht, hat er gerade den Garten gemalt, in dem sie wohnen.

»Wir wohnen auch in einem Garten«, sagt er zu Sascha, »und wir haben einen Igel.«

»Wir auch«, sagt Sascha.

»Und wir haben ganz viele Schmetterlinge.«

»Wir auch.«

Jetzt malt Schnüpperle ein kleines schwarzes Loch.

»Was ist denn das?«, fragt Sascha.

»Das ist ein Mäuseloch, das habt ihr nicht im Garten, bloß wir.«

Nach dem Malen lernen alle noch das lustige Lied:

›Mein Hut, der hat drei Ecken, drei Ecken hat mein Hut …‹ Sie sitzen im Kreis, tippen auf sich selber und auf den Kopf, sie zeigen mit den Fingern die drei Ecken und auf einmal ist die Schule aus. Sie nehmen ihre Jacken und ihre Tornister und gehen aus der Klasse.

Draußen warten Mütter und Väter, Omas und Opas mit den Schultüten.

»Mutter, Mutter!«, ruft Schnüpperle. Im nächsten Augenblick drückt ihm Mutter eine glänzende rote Schultüte in den Arm, sie hat obenherum eine Goldborte. Vater bringt alle im Auto nach Hause. Als sie aussteigen, kommt Annelie mit zwei kleinen Schultüten angerannt.

»Eine ist für Susanne«, ruft sie, »und eine für dich, Schnüpperle.«

Welche zwei Schultüten sind genau gleich?
Male die Schultüten bunt aus.

Wettrechnen

»Herr Kasseroll, wissen Sie eigentlich, was plus und minus ist?« Schnüpperle steht am Gartenzaun und Herr Kasseroll pflückt Birnen.

»Und ob ich das weiß.«

»Machen Sie das auch manchmal, wenn Sie rechnen?«

Herr Kasseroll nickt.

»Haben Sie das auch in der Schule gelernt?«

»Ja«, sagt Herr Kasseroll.

»Mit Steckwürfeln?«

»Nein«, sagt Herr Kasseroll. »Wir haben nur Zahlen geschrieben und wir haben auch nicht plus und minus gesagt, wir haben gesagt ›und‹ und ›weniger‹. Vier weniger eins …«

»Ist weniger so wie minus?« – Herr Kasseroll nickt. – »Legen Sie doch mal vier Birnen aus Ihrem Korb hin«, sagt Schnüpperle, »dann weiß ich's. Vier minus eins ist drei.«

»Sehr gut. Und wie viel ist drei und eins?«

»Sie müssen plus sagen, sonst versteh ich's nicht.« Einen Augenblick denkt Schnüpperle nach. »Drei plus eins ist vier.«

»Fabelhaft«, sagt Herr Kasseroll, »und du brauchst nicht einmal Steckwürfel dazu.«

»Aber Birnen oder meine Finger. Mit meinen Fingern kann ich auch gut plus und minus machen. Und Frau Dornbrügge hat gesagt, wir üben es ganz fleißig, und wenn wir es alle gut können, wird Wettrechnen gemacht. Ohne Steckwürfel, bloß so im Kopf. Ich werde es bestimmt nicht gut können, weil ich immer was dazu brauche.«

»Das kann ich mir überhaupt nicht vorstellen, Schnüpperle, du kannst doch schon ›Mensch ärgere dich nicht‹ spielen, da zählst du doch auch.«

»Ja, aber da nehme ich das Männchen dazu und tipp immer auf die Kreise, da hab ich doch schon wieder was. Herr Kasseroll, was soll ich bloß machen beim Wettrechnen? Ich will ja nicht Erster sein, aber Letzter möchte ich auch nicht werden.«

»Was ist denn da zu tun?«, sagt Herr Kasseroll.

»Ich weiß nicht.«

»Aber vielleicht weiß ich es. Wir setzen uns an den Gartentisch und würfeln ein bisschen.«

»Aber auf dem Würfel sind doch wieder Punkte.«

»Abwarten«, sagt Herr Kasseroll und würfelt.

»Eine Drei«, ruft Schnüpperle und würfelt selber. Herr Kasseroll sieht, wie er zählt. »Fünf«, sagt Schnüpperle leise vor sich hin. Als er sechs sagt, nickt Herr Kasseroll. Dann wirft Schnüpperle eine Eins und lacht, Herr Kasseroll wirft eine Zwei, Schnüpperle lacht wieder. Dann wirft er eine Fünf und zählt leise, und dann wirft Herr Kasseroll eine Sechs. Schnüpperle muss wieder zählen. Nach einer halben Stunde geht es aber schon so gut, dass Schnüpperle nicht mehr zu zählen braucht. Fünf – drei – sechs – vier.

»Das geht ja wie geschmiert«, sagt Herr Kasseroll.

»Bloß mit dem Plussen und dem anderen, Sie wissen schon, das kann ich eben nicht.«

Jetzt nimmt Herr Kasseroll den Würfel weg. »Wie sieht eine Vier aus?«

Schnüpperle tippt mit dem Finger vier Punkte auf den Gartentisch.

Herr Kasseroll würfelt jetzt eine Zwei dazu. »Vier plus zwei?«

Er nimmt schnell den Würfel weg.

Schnüpperle überlegt. »Sechs«, sagt er.

»Vier minus zwei?« Wieder überlegt Schnüpperle und dann sagt er: »Zwei.«

»Gut, wir bleiben bei der Vier«, sagt Herr Kasseroll. »Vier plus drei?«

»Acht«, sagt Schnüpperle.

»Vier plus drei«, sagt Herr Kasseroll noch einmal.

»Sehen Sie, ich kann's nicht«, heult Schnüpperle los.

»Du kannst es«, sagt Herr Kasseroll, »vier plus drei.«

»Sieben«, ruft Schnüpperle.

»Na, siehst du. Und vier minus drei?« Schnüpperle schiebt seine Hand unter den Tisch. Er ruft: »Eins – eins – eins!«

»Gemogelt, ich habe es gesehen, du hast gezählt.« Herr Kasseroll und Schnüpperle üben und üben. Auf einmal ruft Schnüpperle: »Herr Kasseroll, jetzt hab ich genug geplust und geminust. Jetzt hole ich mein ›Mensch ärgere dich nicht‹ und wir spielen richtig. Und wenn ich beim Wettrechnen in der Schule der Letzte bin, dann bin ich's eben, so.«

Wer rechnet mit Schnüpperle und Herrn Kasseroll?

4 + 2 =

Hier soll dazugezählt werden

2 + 5 =

Hier soll dazugezählt werden

5 – 2 =

Hier soll weggenommen werden

Hier soll dazugezählt werden   5 + 3 =

Hier soll weggenommen werden   6 – 3 =

Alles geht kaputt, kaputt

Eines Tages kommt Annerose ganz aufgeregt von der Schule nach Hause.

»Wir müssen jetzt alles sammeln«, sagt sie, »Milchtüten, Zahnpastatuben, Konservendosen, alles, damit es wieder verwendet werden kann. Aus jedem Jogurtbecher, aus jedem Schlagsahnebecher kann man nämlich einen neuen machen. Das hat uns Frau Klausen gesagt.«

»Und Frau Buschmann auch?«, fragt Schnüpperle.

»Nein, Frau Buschmann ist doch krank und jetzt haben wir Frau Klausen. Und wenn wir nicht alles sammeln und den Müll vermeiden, hat Frau Klausen gesagt, dann geht unsre Erde kaputt. Die Luft, die wir atmen, und das Wasser, das wir trinken, und überhaupt alles, kaputt, kaputt. Und wir können überhaupt nicht mehr leben.«

»Komisch«, sagt Schnüpperle, »so was habe ich überhaupt noch nicht gehört.«

»Ach, du!«, sagt Annerose, dann dreht sie sich zu Mutter um und sagt: »Und du darfst auch nicht mehr so viel Strom verbrauchen beim Kochen.«

»Und wie soll ich die Kartoffeln weich kriegen?« Annerose zuckt die Schultern. »Ich weiß das nicht so genau, Mutter, aber auf jeden Fall müssen wir sparen, damit unsre Erde nicht kaputtgeht. Wir machen uns viel zu wenig Gedanken darüber, hat Frau Klausen gesagt.«

»Da hat sie schon Recht«, sagt Mutter, »und deshalb werden wir ab heute die Milch nicht mehr in Tüten bei Pipo kaufen, sondern wir werden jeden Abend zu Bauer Hoppe gehen und sie uns in der Milchkanne holen, frisch gemolken von den Kühen, das ist sowieso viel gesünder.«

»Oh ja!«, ruft Annerose, »du bist ja finnominno, Mutter.«

»Und wenn wir Äpfel oder Birnen kaufen, dann nehmen wir unseren Korb mit und lassen sie uns gleich in den Korb schütten. Dann brauchen wir keine Plastiktüte.«

»Und wie machen wir's mit Mehl und Zucker?«, fragt Schnüpperle. »Lässt du das auch gleich in den Korb schütten?«

»Schnüpperle!«, ruft Annerose, »du bist ein richtiger Blödmann. Mehl und Zucker sind in einer Tüte aus Papier und Papier sammeln wir ja schon.«

»Und Flaschen auch«, sagt Schnüpperle, »die bringe ich mit Vater zum Container. Vater hebt mich immer hoch, damit ich sie reinschmeißen kann und das Papier auch. Und manchmal ist er bis obenrauf voll und wir müssen alles wieder mit nach Hause nehmen.«

»Leider«, sagt Mutter, »und dann steht's wieder rum.«

»Und wohin sollen wir die Jogurtbecher bringen und das andere Zeug?«

»Es gibt jetzt gelbe Säcke dafür«, sagt Annerose. »In die muss man's reinsammeln und die werden dann abgeholt, wenn sie voll sind.«

»Und wenn man das alles nicht macht?«, fragt Schnüpperle.

»Geht unsere Erde kaputt, total. Und mit den Spraydosen ist es am allerschlimmsten. Davon kriegen wir ein Ozonloch, hat Frau Klausen gesagt, und wenn's groß genug ist, bekommen wir überhaupt keine Luft mehr, so.«

Schnüpperle reißt den Mund weit auf und schnappt nach Luft. »Aber jetzt geht's noch«, sagt er. »Zum Glück.«

Während des Mittagessens überlegen sie noch, was alles gesammelt werden muss und wie schlimm der viele Müll für die Umwelt ist. Dann macht Annerose Schularbeiten und Schnüpperle geht

Jogurtbecher-Korken-Männchen

mit Purzel spazieren. Er bleibt so lange fort, dass Mutter sich schon Sorgen macht. Endlich hört sie ihn die Treppe heraufkommen.

»Wo warst du denn so lange, Schnüpperle?«

»Ich hab in unserer Reihe Bescheid gesagt, dass jetzt alles in die gelben Säcke gesammelt werden muss. Zuerst habe ich bei Frau Sengelmann geklingelt. Frau Sengelmann war ganz verschlafen. Sie hat gesagt: ›Was ist los? Unsre Erde geht kaputt, wenn ich die Jogurtbecher nicht sammle? Aber ich ess doch gar keinen Jogurt.‹ Da hab ich gesagt: ›Aber Schlagsahne werden Sie schon essen und das ist auch so ein Becher, den man sammeln muss.‹ – ›Na gut‹, hat Frau Sengelmann gesagt, ›dann mach ich's, aber deshalb brauchst du mich doch nicht aus dem Mittagschlaf zu wecken.‹ – ›Doch‹, hab ich gesagt, ›denn wenn Sie's nicht machen, geht unsre Erde kaputt.‹

Und dann hab ich bei Polizist Krause geklingelt und Polizist Krause hat gesagt: ›Schnüpperle, du bist eine Wucht. Da gehst du jetzt also von Haus zu Haus und sagst den Leuten, was sie machen müssen, das finde ich ja sehr, sehr gut. Denn wenn wir nicht endlich den Müll vermeiden …‹

›… dann geht unsre Erde kaputt‹, hab ich gesagt. ›Stimmt‹, hat Polizist Krause gesagt, ›auf mich kannst du dich verlassen.‹

Und dann, Mutter, war ich bei Herrn Klein und der Herr Klein hat mich gefragt, ob es bei mir piept, und er denkt überhaupt nicht dran, den ganzen Mist zu sammeln. Er schmeißt alles weiter in die Mülltonne und damit paster. Und was Annerose aus der Schule erzählt hat, ist alles Blödsinn, und

die Lehrerin wird wohl so eine richtige Ökozicke sein. Da hab ich gesagt: ›Herr Klein, wenn Sie nicht sammeln, dann fallen Sie bestimmt in das große Loch.‹ Und Herr Klein hat gefragt: ›In was denn für ein Loch?‹ Und ich hab gesagt: ›Na dort, wo unsre Erde kaputtgeht, da fallen Sie rein und kommen nie wieder raus.‹ Da hat der Herr Klein gesagt: ›Schnüpperle, erzähl mir doch nicht so einen Quatsch.‹

Und dann bin ich bei Annelie gewesen und Annelies Mutter hat gesagt: ›Aber, Schnüpperle, das machen wir doch schon lange, aber wir machen's anders. Ich mach den Jogurt selber in Gläsern.‹ Und dann bin ich bei Susannes Mutter gewesen und Susannes Mutter hat gesagt, das ist ja alles furchtbar umständlich und sie kann sich überhaupt nicht denken, warum davon die Erde kaputtgehen soll. ›Nee, Schnüpperle, ich glaube, die Lehrerin von Annerose, die übertreibt. Aber gut, ich kann ja auch mitsammeln.‹ – ›Ja‹, habe ich gesagt, ›damit Susanne und Knirpsi nicht in das große Loch fallen.‹ Und Susanne hat gesagt: ›Ach, du mit deinem großen Loch, das stimmt doch alles gar nicht, ich frag heute Abend mal meinen Papi.‹

Und dann, als ich zu Frau Kasseroll wollte, ist die Zeitungsfrau gekommen, und der hab ich das auch gesagt, und sie hat gesagt: ›Schnüpperle, wenn ich mir das so überlege, dann hast du Recht. Warum soll ich die Jogurtbecher und die Konservendosen nicht sammeln. Die machen bei mir doch bloß die Mülltonne voll. Mit den Flaschen und dem Papier ist es doch genauso gewesen. Also, Schnüpperle, da mach ich mit.‹«

Jogurtbecher-Klorollen-Schachtel-Eiscontainer

Welchen Drachen lässt Schnüpperle steigen?

Oktober

Drachen wohnen in einer Höhle

Schnüpperle kommt mit seinem Schulpaten die Straße entlang. Schon auf der Treppe ruft er: »Darf ich heute zu meinem Schulkönig gehen? Er baut sich nämlich einen Drachen und ich darf helfen.« »Aber erst werden Schularbeiten gemacht,« sagt Mutter.

Schnüpperle nickt. »Weißt du, was er sich für einen Drachen baut, Mutter? Einen großen roten. Und wenn ich viel helfe, baut er für mich noch einen kleinen dazu. Er muss sehr viel neue Schnur kaufen, weil ihm sein Vogeldrachen im vorigen Jahr davongeflogen ist. Schnur gerissen, war schon alt. Sein Vater hat gesagt, er soll sich selber einen bauen, dann wird's nicht so teuer, wenn er wieder fortfliegt. Und Drachen muss man überhaupt selber bauen, sonst ist es nichts.«

»Das sagt Vater auch immer.«

»Und mein Schulkönig malt seinem Drachen ein ganz gräuliches Gesicht, weil er ja Drachen heißt.

Und Drachen sind Ungeheuer, die leben in einer Höhle. Hast du das auch schon mal gehört, Mutter?« Mutter nickt.

An diesem Nachmittag schreibt Schnüpperle nicht eine Reihe mehr als nötig. Er hält es vor Aufregung nicht aus, er muss zu seinem Schulpaten. Annerose trifft die beiden, als sie ins Bastelgeschäft gehen.

»Du möchtest wohl auch gerne mitkommen?«, fragt Schnüpperle.

»Nee«, sagt Annerose, »Drachen interessieren mich überhaupt nicht.«

Als Annerose abgebogen ist, sagt der Schulpate: »Ja, ja, so sind die Weiber.«

Schnüpperle kommt erst abends nach Hause.

»Wie weit seid ihr denn mit dem Drachen?«, fragt Vater.

»Fertig«, sagt Schnüpperle. »Vater, mein Schulkönig ist eine Kanone. Im Bastelgeschäft hat er jede Leiste gebogen. ›Mich meiert keiner an‹, hat er gesagt. ›Die Leisten müssen astrein sein.‹ Und weißt du, wie viel Schnur er gekauft hat, Vater? Dreihundert Meter.«

»Ist das viel?«, fragt Annerose.

»Das ist eine ganze Menge«, sagt Vater, »mehr hab ich nie gehabt.«

»Siehste.«

»Und wie hast du ihm geholfen?«, fragt Vater.

»Ich hab das Kreuz gehalten, als er die Seitenleisten drangenagelt hat. Und ich musste immer gucken, ob es auch achtzig Meter sind, bevor er die Leiste abgesägt hat.«

»Achtzig Zentimeter«, sagt Vater.

»Hmm, dann musste ich das Papier halten, erst auf dieser Seite und dann auf dieser. Dann hat er geklebt und ich habe mit glatt streichen müssen.«

»Und wie ist es mit deinem Drachen?«, fragt Annerose. »Ist er auch fertig?«

»Noch nicht, den macht mein Schulkönig nächste Woche. Wir haben doch noch viele Papierstreifen geschnitten, für den Schwanz, und dann haben wir immer vier zusammengeknüppelt und in die Schnur einen Knoten gemacht. Der Schwanz ist so lang geworden.« Schnüpperle breitet die Arme aus. »Nein, noch viel länger.«

»Und worauf habt ihr die Schnur gewickelt?«, fragt Vater.

»Auf ein rundes Holz. Das muss ganz leicht rollen. Einmal hat mein Schulkönig an der Schnur gezogen und ich hab das Holz gehalten und einmal hab ich gezogen und er hat das Holz rollen lassen. Es ging ganz leicht.«

Am anderen Tag zieht Schnüpperle gleich nach den Schularbeiten wieder los.

»Mein Schulkönig hat gesagt, wir gehen auf das große Feld, gleich hinter den letzten Häusern. Da können wir ihn prima steigen lassen, weil da keine Zäune sind. Und ich soll meine Gummistiefel anziehen.«

Annerose sieht Schnüpperle nach. »Wenn sie lange draußen bleiben«, sagt sie, »gehe ich mal gucken.«

Schnüpperle bleibt den ganzen Nachmittag fort.

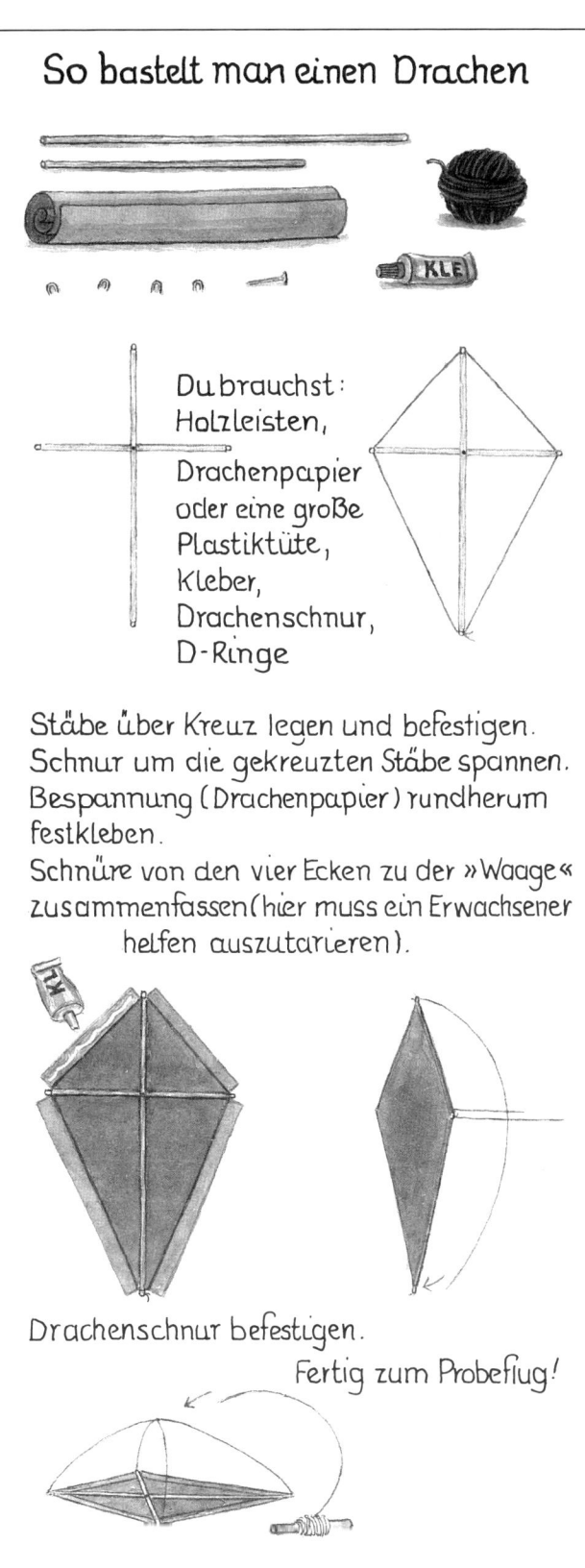

So bastelt man einen Drachen

Du brauchst:
Holzleisten,
Drachenpapier oder eine große Plastiktüte,
Kleber,
Drachenschnur,
D-Ringe

Stäbe über Kreuz legen und befestigen.
Schnur um die gekreuzten Stäbe spannen.
Bespannung (Drachenpapier) rundherum festkleben.
Schnüre von den vier Ecken zu der »Waage« zusammenfassen (hier muss ein Erwachsener helfen auszutarieren).

Drachenschnur befestigen.
Fertig zum Probeflug!

»Es muss ja doll sein«, sagt Annerose.

»Ja, der Wind geht tüchtig. Sie werden den Drachen schon gut in die Luft kriegen«, sagt Mutter.

Nun zieht sich auch Annerose ihre Gummistiefel an und rennt los.

Eine halbe Stunde später kommt sie mit Schnüpperle nach Hause. Schnüpperle heult, dass ihm die Tränen nur so über das Gesicht laufen.

»Was ist denn los?«, ruft Vater.

Schnüpperle bringt kein Wort heraus.

»Ich weiß es auch nicht«, sagt Annerose. Mutter wischt ihm die Tränen ab.

Auf einmal sagt Schnüpperle: »Ich bin schuld. Ich bin eine große Flasche. Eine Pfeife bin ich und noch viel mehr. Mag ich gar nicht sagen.«

»Schnüpperle, was ist denn los? So viel kann doch nicht passiert sein.«

Schnüpperle sieht Vater an.

»Er ist weg, Vater. Ich hab ihn fortfliegen lassen. Ich wollt ihn doch auch so gern mal halten. Erst hat mir mein Schulkönig die Schnurrolle nicht gegeben, aber ich hab gebettelt und gebettelt

und da hab ich sie gekriegt. Und das war ganz doll, Vater. Mein Schulkönig hat gesagt: ›Donnerwetter, du bringst ihn ja richtig auf Touren. Mensch, der ist ja so hoch oben, hoffentlich reicht die Schnur.‹ Und ich bin immer gerannt und gerannt, Vater, und auf einmal bin ich hingefallen und …«

Schnüpperle fängt wieder an zu schluchzen.

»Und jetzt muss ich dreihundert Mark bezahlen.«

»Wofür denn, Schnüpperle?«

»Für die Schnur und für das Papier und für die Klebe und für die Leisten. Das kostet dreihundert Mark.«

»Überhaupt nicht«, sagt Annerose, »er hat immer nur von dreihundert Metern geredet und Schnur, Schnur, Schnur gerufen.«

»Du lieber Himmel«, sagt Vater, »das lässt sich doch alles bezahlen. Deshalb brauchst du wirklich nicht zu weinen, Schnüpperle.«

»Tu ich ja auch nicht, Vater, ich schüttel auch mein ganzes Sparschwein leer. Aber dass der Drachen fortgeflogen ist, Vater, der schöne Drachen …«

»Und wenn wir nun alle einen neuen Drachen bauen, dein Schulkönig, du und ich?«

»Dann will ich aber auch mitmachen«, sagt Annerose.

Aus Eicheln und Kastanien,
mit ein paar Blättern
und Federn, einem Messer,
einem Filzstift und viel Freude
am Ausprobieren kann ein
lustiges Herbstvölkchen
entstehen.

Was ist eine Bauerngretel?

»Heute zieh ich aber den dicken Mantel an«, sagt Vater. »Gestern habe ich ganz schön gefroren, obwohl wir doch erst den 3. Oktober haben. Ich glaube, wir kriegen einen verflixt kalten Winter.«

»Warum?«, fragt Schnüpperle.

»Weil es so unheimlich viele Eicheln gibt.«

»Haben Eicheln was mit dem Winter zu tun?«, fragt Annerose.

»Ja, das hat mein Großvater schon immer gesagt. Wenn es viele Eicheln gibt, gibt's einen strengen Winter.«

»Grade hast du ›einen verflixt kalten Winter‹ gesagt, Vater.«

»Das ist doch egal, Schnüpperle«, ruft Annerose.

»Mit den vielen Eicheln und dem kalten Winter, das ist eine alte Bauernregel«, sagt Mutter.

»Bauerngretel?«, fragt Schnüpperle.

»Annerose, zieh dich an, wir müssen los!«, ruft Vater.

Als die beiden aus dem Haus gegangen sind, fragt Schnüpperle: »Mutter, was ist denn das für eine Bauerngretel?«

»*Regel*, Schnüpperle, Bauern*regel*. Das ist so: Die Bauern haben immer viel besser auf das Wetter aufgepasst als die Leute in der Stadt. Und immer wenn es im Herbst viele Eicheln gegeben hat, kam hinterher ein kalter Winter.«

»Und warum heißt es dann nicht Kalter-Winter-Regel, Mutter?«

»Weil es die Bauern gewesen sind, die es gemerkt haben, deshalb. Aber jetzt kannst du mal mit Purzel eine Runde drehen, der sitzt schon an der Haustür und wartet. Und zieh dir den dicken Anorak an!«

Zuerst geht Schnüpperle mit Purzel zwischen den Häuserreihen hindurch, dann läuft er die Straße entlang, die auf den Feldweg führt. Dort lässt er Purzel von der Leine los und Purzel sieht ihn an. Aber Schnüpperle hat keine Lust, ein Stöckchen zu werfen. Er muss an die vielen Eicheln und den kalten Winter denken.

Als er wieder zurückkommt, sieht er Herrn Kasseroll im Garten stehen, dort, wo der große Haselnussstrauch wächst.

»Herr Kasseroll«, ruft Schnüpperle, »ich wollte mal fragen, ob du auch schon gemerkt hast, dass es so viele Eicheln gibt?«

»Ja, das hab ich gemerkt«, sagt Herr Kasseroll.

»Und weißt du auch, dass es deswegen einen verflixt kalten Winter gibt?«

»Ja«, sagt Herr Kasseroll, »nach einer alten Bauernregel soll das so sein.«

»Herr Kasseroll«, ruft Schnüpperle, »darf ich mal zu dir reinkommen?«

»Du darfst immer reinkommen, Schnüpperle.« Herr Kasseroll macht die Tür im Zaun auf, dann geht er mit Schnüpperle und Purzel ins Haus.

»Und Haselnüsse gibt es wie noch nie«, sagt Herr Kasseroll. »Das ist auch so ein Zeichen für einen kalten Winter.«

»Aber warum, Herr Kasseroll?«

»Jetzt musst du an die Tiere denken, die draußen leben«, sagt Herr Kasseroll, »an die Rehe, die Hasen, die Kaninchen, die Wildschweine, die Igel und die Vögel. Die müssen sich alle einen dicken Winterspeck anfuttern, damit sie in dem kalten Winter nicht vor Hunger sterben. Und deshalb sorgen die Bäume und die Sträucher im Herbst schon für viel Futter mit ihren Eicheln und Kastanien, Haselnüssen, Hagebutten und Brombeeren und was es nicht alles gibt.«

»Und das haben die Bauern so geregelt?«

»Nein, Schnüpperle, die Bauern haben das nicht geregelt, die haben es nur beobachtet.«

»Ach ja, das hat Mutter auch gesagt. Die haben sich das gemerkt und so rumerzählt, nicht?«

»Ja, so ist es gewesen«, sagt Herr Kasseroll. Und dann holt er ein Buch aus dem Regal. »Wollen wir mal nachsehen, was es sonst noch für Bauernregeln gibt?«

»Oh ja, Herr Kasseroll.«

»Hier steht: ›Sind der Eicheln viel und früh, bringt der Winter viel Schnee und Müh.‹ Siehst du, Schnüpperle, da haben wir's.«

»Was ist denn Müh, Herr Kasseroll?«

»Wenn es viel Schnee gibt, müssen wir oft Schnee schippen und hinterher streuen und das macht Mühe.«

»Ach so, aber wir können doch auch Schlitten fahren und einen Schneemann bauen.«

»Richtig«, sagt Herr Kasseroll. »Und jetzt wollen wir mal weiter nach den Bauernregeln sehen. Was steht denn hier? ›Zieht's Eichhörnchen früh ins Winternest, gibt es Kälte hart und fest.‹«

»Das Eichhörnchen habe ich schon lange nicht mehr gesehen«, ruft Schnüpperle.

»Aber zu meinen Haselnüssen kommt es jeden Tag und holt sich welche«, sagt Herr Kasseroll. »Also geht es mit dem Winter doch noch nicht so schnell los.« Er blättert die Seite um. »Hier steht auch noch was Schönes: ›Kommt der Hase mit langem Gelock, schau nach deinem Winterrock.‹«

Schnüpperle denkt nach. »Ich hab doch bloß Hosen. Aber ich kann ja Mutter und Annerose Bescheid sagen.«

Herr Kasseroll lacht. »Schnüpperle, das ist so: Mit dem Winterrock ist der Wintermantel gemeint. Der wärmt uns dann genauso gut wie den Hasen sein dickes Fell. Diese Bauernregel ist auch schön: ›Je fetter Dachs und Sperling sind, desto kälter kommt das Christuskind.‹ Siehst du, Schnüpperle, was ich dir gesagt habe: Wenn sich die Tiere so richtig mit Beeren und Eicheln dick futtern, dann bekommen wir einen kalten Weihnachtsabend.«

»Oh, das wird aber schön«, sagt Schnüpperle.

»Herr Kasseroll, jetzt muss ich aber nach Hause. Ich muss das alles Mutter erzählen. Die hat nicht so gut Bescheid gewusst.«

Auf dem Weg trifft Schnüpperle mit Susanne zusammen.

»Weißt du, was eine Bauernregel ist?«

»Nein, will ich auch gar nicht wissen.«

»Das wirst du schon wollen, wenn dir so richtig kalt ist und du einen dicken Rock anziehen musst, wie der Hase mit den Locken.«

»Ein Hase mit Locken!« Susanne tippt sich an die Stirn. »So was gibt's überhaupt nicht.«

»Gibt es doch! Wir kriegen nämlich einen verflixt kalten Winter.«

»Wieso?«

»Weil es so viele Eicheln gibt und das ist alles nach einem alten Bauern geregelt. Deshalb müssen die Wildschweine und Rehe auch ganz viel fressen, damit sie zu Weihnachten dick sind.«

»Und warum sollen sie zu Weihnachten dick sein?«

»Na, weil es dann so kalt ist, wenn das Christkind kommt.«

»Schnüpperle, du spinnst.«

»Ich spinne nicht, Donnerwetter, ich weiß es genau. Vater hat doch schon die vielen Eicheln gesehen und bei Herrn Kasseroll holt das Eichhörnchen jeden Tag Haselnüsse ab und dann zieht es still und fest in sein Winternest.«

»Also, Schnüpperle!« Susanne prustet durch die Nase und rennt weg.

»Brauchst du alles nicht zu glauben«, ruft Schnüpperle hinterher, »du wirst es schon sehen.«

La-ter-ne, La-ter-ne,
Son-ne, Mond und Ster-ne.
Bren-ne auf, mein Licht,
Bren-ne auf, mein Licht,
a-ber nur mei-ne lie-be La-ter-ne nicht.

November

Ein Pferd, das wie ein Schwein aussieht

»Mutter, ich soll fragen, ob du am nächsten Samstag mit in die Schule kommen kannst. Wir wollen nämlich Laternen basteln für den Laternenumzug. Ganz groß wird der, mit Kapellen vorneweg und mittendrin und hinterher. Die Feuerwehr geht auch mit und auf dem Platz vor unserer Schule wird ein Feuer abgebrannt. Wir wollen ganz schöne Laternen basteln, damit alle Leute sehen, was wir Schulanfänger schon können, hat Frau Dornbrügge gesagt. Aber es wäre gut, wenn ein paar Mütter mitkämen und ein bisschen helfen würden.«

»Warum wollt ihr denn Laternen basteln?«, fragt Annerose. »Es gibt doch welche zu kaufen.«

»Weil selbst gebastelte Laternen viel schöner sind, hat Frau Bornbrügge gesagt.«

»Du kannst Frau Bornbrügge ausrichten, sie kann mit mir rechnen«, sagt Mutter.

»Frau Bornbrügge will aber nicht mit dir rechnen, du sollst doch bloß helfen.«

Am Samstag kann Mutter dann doch nicht mitgehen, weil sie plötzlich Fieber hat und im Bett bleiben muss.

»Versprochen ist versprochen«, sagt Vater und deshalb geht er mit Schnüpperle los.

Als sie in die Schule kommen, sitzen schon vier Mütter da. Frau Bornbrügge hat schwarze Pappbogen auf jeden Tisch gelegt. Sie rückt für Vater einen Stuhl zurecht.

»So, jetzt sind wir alle beisammen«, sagt sie, »und können anfangen. Bitte nehmt euch die schwarze Pappe und faltet sie einmal genau in der Mitte. Und jetzt, wenn ihr sie in der Mitte gefaltet habt, dann faltet ihr beide Hälften noch einmal genau in der Mitte.«

Anna kann es allein, Nadine auch, aber Susanne bekommt von ihrer Mutter Hilfe. Vater hilft Schnüpperle und Sascha und Andreas.

»Und jetzt müsst ihr euch etwas Schönes ausdenken«, sagt Frau Bornbrügge, »und mit roten oder gelben Filzstiften auf die schwarze Pappe malen. Vielleicht soll es ein Mond sein oder die Sonne, ein Stern, ein Haus oder viele Kugeln. Ihr müsst nur dran denken, dass wir buntes Papier dahinter kleben wollen. Guckt mal her, ich habe schon etwas ausgeschnitten.« Frau Bornbrügge hält eine viermal geknickte Pappe gegen das Fenster.

»Mach ich auch«, ruft Sascha und die anderen rufen: »Ich auch, ich auch.«

Es ist aber gar nicht leicht. Einen Mond können alle malen, eine Sonne geht noch, bei Sternen und Tannenbäumen wird es schon schwieriger. Noch schwieriger ist ein Haus mit erleuchteten Fenstern. Jetzt muss Vater helfen und die Mütter der anderen Kinder auch. Vater zeigt Sascha, was er von seinem Haus ausschneiden darf und was stehen bleiben muss. Schnüpperle will zwei Pferde und zwei Tannenbäume in seiner Laterne haben. Die Tannenbäume hat er schon gemalt, aber die Pferde …

»Was soll denn das sein?«, fragt Bastian.

»Ein Pferd, das siehst du doch.«

»Haha, das sieht wie ein Schwein aus.« Bastian reißt Schnüpperle die Pappe weg und hält sie hoch.

»Das soll ein Pferd sein, haha.«

»Gib mir meine Pappe wieder!«, schreit Schnüpperle wütend.

Bastian hält die Pappe noch höher. »Ein Schwein, ein Schwein, ein Schwein«, schreit er. Schnüpperle springt hoch und zerrt daran. Die Pappe zerreißt in zwei Teile. Im nächsten Augenblick fängt Schnüpperle zu weinen an. »Du bist gemein, so gemein! Vater, verhau ihn. Meine schöne Laterne.«

Frau Bornbrügge legt den Arm um Schnüpperle. »Ich geb dir eine neue Pappe, Schnüpperle. Und du, Bastian, setzt dich hin und kümmerst dich um deine eigene Laterne. Was hast du denn schon ausgeschnitten?«

»Einen Mond«, sagt Bastian, »auf jedem Feld.«

»Viel ist das nicht gerade.«

»Für meine Laterne reicht es.«

»Gut«, sagt Frau Bornbrügge, »dann geh in die Spielecke, die anderen sind noch lange nicht so weit.«

Sie gibt Schnüpperle eine neue Pappe und Vater hilft ihm, zwei schöne Tannenbäume zu malen. Schnüpperle schneidet sie aus. Dann kommen die Felder mit dem Pferd an die Reihe.

Auf einmal sagt Schnüpperle: »Ich will kein Pferd mehr.«

In der Spielecke fängt Bastian zu lachen an. »Weil du's nicht kannst. Wird ja doch bloß ein Schwein draus.«

»Bastian!«, ruft Frau Bornbrügge. Dann sagt sie: »Weißt du was, Schnüpperle, du malst ein Sparschwein drauf mit bunten Punkten auf dem Rücken.«

»Ja, prima Idee!«, sagt Schnüpperle.

Als alle mit dem Ausschneiden fertig sind, teilt Frau Bornbrügge das bunte Seidenpapier aus. Gelbes für Sonne, Mond und Sterne. Grünes für Tannenbäume, rotes und blaues für die ausgeschnittenen Kreise. Zuerst wird das Papier zurechtgeschnitten, dann muss Klebstoff um die ausgeschnittenen Stellen getupft werden. Ein Glück, dass so viele Mütter da sind und Schnüpperles Vater.

»Jetzt haben wir aber ein ordentliches Stück Arbeit geschafft«, sagt Frau Bornbrügge. »Am nächsten Samstag machen wir weiter. Dann kommt der Boden hinein und der Draht wird festgemacht, damit wir die Laternen an die Stöcke hängen können.«

»Aber es sind doch noch gar keine Laternen«, ruft Schnüpperle und hält seine Pappe hoch.

»Richtig«, ruft Frau Bornbrügge, »wir müssen die Laternen mit einem schwarzen Pappstreifen noch zusammenkleben. Kommen die Mütter und der Vater wieder mit?« Alle nicken und Frau Bornbrügge bedankt sich.

So bastelt man eine Laterne

Schwarze Pappe zweimal falten

Mit roten oder gelben Filzstiften etwas darauf malen und mit kleiner, spitzer Schere ausschneiden.

Mit buntem Seidenpapier hinterkleben

Laterne zusammenkleben, Boden einkleben.

Drahtschlaufe für den Stab befestigen.

Fertig!

Pfefferkuchenhexenknusper- häuschenbaumeister

»Mutter! Mutter!«, ruft Annerose, als sie aus der Schule kommt. »Wir haben heut was ganz Dolles gelernt.«

Mutter sieht Annerose an.

»Einen Kanon, Mutter. Und weißt du, wie er geht? Pass auf.« Und dann fängt Annerose zu singen an:

»Knusper, knusper, knäus-chen,
wer knuspert an meinem Häus-chen?
Der Wind, der Wind, das himmlische Kind.«

»Donnerwetter«, sagt Schnüpperle, »das ist aber ein hübsches Lied.«

»Das ist kein Lied, das ist ein Kanon. Da muss man nämlich immer genau aufpassen …«

»Aufpassen?«, fragt Schnüpperle, »warum denn?«

»Man muss genau aufpassen, damit man den Einsatz nicht verpasst, und man darf sich auch gar nicht rausbringen lassen, weil die anderen schon was ganz anderes singen.«

»Was ganz anderes?«, fragt Schnüpperle.

»Na, was ganz anderes nicht, sie sind bloß schon viel weiter und es hört sich wie ein Durcheinander an, aber es ist gar keins.«

»Komisch«, sagt Schnüpperle, »so was hab ich überhaupt noch nicht gehört.«

»Wir können es dir ja mal vorsingen«, sagt Mutter. »Ich kenn den Kanon nämlich auch. Komm, Anne-rose, fang an.«

Annerose fängt an zu singen:

»Knusper, knusper, knäus-chen,
wer knuspert an meinem Häus-chen?«

Und als sie weitersingt, fängt Mutter an:

»Knusper, knusper, knäus-chen,
wer knuspert an meinem Häus-chen?«

Schnüpperle guckt von Annerose zu Mutter und von Mutter zu Annerose. Sein Kopf geht immer hin und her. Und auf einmal fängt er an zu lachen und hält sich die Ohren zu: »So was Blödes! Man kann es gar nicht richtig hören.«

»Ach du«, ruft Annerose, »du verstehst das doch bloß noch nicht. Ein Kanon ist nämlich etwas ganz Besonderes.«

»Aber mir gefällt das Lied ohne Kanon viel besser«, sagt Schnüpperle. »Singst du's mir noch mal vor, damit ich's auch lerne?«

Annerose macht es. Sie singt den Kanon nicht nur einmal, sie singt ihn zweimal, dreimal und dann kann ihn Schnüpperle mitsingen.

»Fabelhaft«, sagt Mutter, »wir könnten den Kanon glatt zu dritt singen.«

»Nein«, ruft Schnüpperle, »das will ich nicht. Das ist alleine viel schöner. Es ist so richtig hexen-gruselig.«

Und schon singt er wieder, aber ganz leise:

»Knusper, knusper, knäus-chen, wer knuspert an meinem Häus-chen?« Und dabei kratzt er mit den Fingern immer auf dem Tisch herum.

Plötzlich sagt Mutter: »Mir kommt da gerade ein Gedanke. Wollen wir in diesem Jahr vielleicht mal alle zusammen aus Pfefferkuchenteig ein Knusper-häuschen backen? Es geht doch auf Weihnachten zu.« Im nächsten Augenblick schreien Annerose und Schnüpperle los: »Ja, ja, Mutter!«

VORDER-
SEITE

SEITEN-
WAND

DACH

SCHORN-
STEIN

Aufgepasst, Lebkuchenbaumeister!

Aus einer Lebkuchenplatte, die Mutter gebacken hat, die einzelnen Bauteile des Häuschens zuschneiden oder fertige Lebkuchen verwenden (dann wird das Häuschen eben ein bisschen kleiner). Zusammengeklebt wird mit einer Mischung aus Eiweiß und Puderzucker.

Als Verzierung dienen Kekse, bunte Lakritzbonbons, Schaumhimbeeren, Smarties, Gummibärchen, Liebesperlen...

Unten: Das linke und das rechte Häuschen unterscheiden sich durch 5 Dinge. Wer findet sie?

»Aber ich sage euch, einfach ist das nicht.«

»Und wenn's noch so schwer ist«, sagt Annerose begeistert. »Wir backen es mit allem Pipapo. Mit der Hexe, mit Hänsel und Gretel und einem Zaun um das Haus.«

»Aber Vater muss den Plan für das Haus machen, damit alles zueinander passt«, sagt Mutter, »die Wände, das Dach und …«

»Vater soll auch mitmachen?«, ruft Schnüpperle.

»Das ist ja finnominno!«, ruft Annerose.

»Und wann backen wir?« Schnüpperle will es jetzt ganz genau wissen.

»Am Sonntag«, sagt Mutter, »da haben wir alle schön Zeit. Und außerdem – Sonntag ist der erste Advent.«

Und dann überlegen sie, was sie alles einkaufen müssen. Das Hexenhaus muss ja ein Dach haben, auf dem die schönsten Sachen kleben. Dafür müssen sie genug Puderzucker einkaufen, damit sie die Sachen draufkleben können. Das sind Schokoladenplätzchen, Zuckerkringel, Bonbons …

»Und Gummibärchen«, ruft Schnüpperle.

»Nein«, sagt Annerose, »Gummibärchen nicht, das passt nicht.«

»Warum nicht?«, fragt Schnüpperle.

»Damals bei Hänsel und Gretel hatten sie noch keine Gummibärchen, deshalb passt es nicht.«

»Aber Liebesperlen möchte ich haben, die mag ich so gerne.«

»Gut«, sagt Mutter, »die können wir ja überall dazwischenstreuen. Wir brauchen natürlich auch schöne Mandeln und Haselnüsse und …«

»Ach – ach«, ruft Schnüpperle, »ich glaube, ich halt's nicht aus, bis wir endlich backen. Wie lange dauert's denn noch, Mutter?«

»Bis übermorgen«, sagt Mutter, »und das sind zwei Tage. Inzwischen gehen wir alles einkaufen und bereiten den Teig vor und dabei vergeht die Zeit wie im Flug.«

Aber gar so schnell vergeht Schnüpperle die Zeit doch nicht, obwohl Vater noch am gleichen Abend das Pfefferkuchenhaus entwirft.

»Ich bin der Pfefferkuchenhexenknusperhäuschenbaumeister«, sagt er und zeichnet die Seitenwände auf dickes Papier, dann die vordere Wand und die hintere Wand und zum Schluss das Dach darüber. »So, die Architektur für unser Pfefferkuchenhexenknusperhäuschen hätten wir.«

»Und der Zaun?«, fragt Annerose.

»Und die Hexe?«, fragt Schnüpperle. »Und Hänsel und Gretel?«

»Das kriegen wir auch noch. Erst muss das Haus fertig sein. Und besorgt genug Puderzucker, damit wir die Wände gut aneinander kleben können. Und das Dach muss besonders fest sitzen, wie es sich gehört für ein Knabberdach. Und der Teig muss akkurat ausgerollt werden, sonst wird alles krumm und schief und unser Hexenhaus wird die reinste Bruchbude.«

An diesem Abend können Annerose und Schnüpperle ganz schlecht einschlafen, weil sie immer an das Hexenhaus denken müssen. Aber auch am nächsten Tag will die Zeit nicht vergehen.

Zum Glück kommt Frau Kasseroll.

»Liebe Frau Nachbarin«, sagt sie zur Mutter, »könnten Sie mir vielleicht Ihr Backblech leihen? Ich meine, wenn Sie nicht gerade selber backen wollen. Wenn ich ein zweites Blech hätte, dann ginge es schneller.«

»Aber gern, Frau Kasseroll, wir brauchen unser Backblech erst morgen.«

»Kann ich bei dir ein bisschen zugucken, Frau Kasseroll?«, fragt Schnüpperle.

»Selbstverständlich«, sagt Frau Kasseroll, »du kannst sogar ausstechen helfen.«

»Oh ja, das mach ich.« Schnüpperle rennt mit dem Backblech neben Frau Kasseroll her. Und als er bei ihr in der Küche steht, sagt er: »Frau Kasseroll, weißt du, was wir morgen backen? Wir backen ein Hexenhäuschen aus Pfefferkuchenteig, mit allem Pimpano.«

»Ein Hexenhäuschen?«, fragt Frau Kasseroll.

»Ja, Vater hat alles ausgerechnet und aufgemalt auf

dickes Papier und dann ausgeschnitten. Er ist nämlich unser großer Hexenkuchenpfeffer-knusperhäuschenbaumeister.«
Frau Kasseroll schmunzelt ein bisschen, aber Schnüpperle merkt es gar nicht.
»Und das dicke Papier muss Mutter auf den Teig legen, aber der muss vorher ganz akkarund ...«
»Akkurat«, sagt Frau Kasseroll.
»Ja, der muss ganz akkurand ausgerollt werden, hat Vater gesagt, sonst wird es nämlich kein Hexenhäuschen, bloß eine Bruchbude.«
»Aha«, sagt Frau Kasseroll, »ich verstehe. Ihr werdet also alle ziemlich viel zu tun haben.«
»Das stimmt, Frau Kasseroll, und auf das Dach kleben wir mit Puderzucker Schokoladenplätzchen drauf und Schokoladenkringel und Mandeln und Nüsse, aber Gummibärchen nicht, weil es bei Hänsel und Gretel noch keine gegeben hat.«
»Wunderbar«, sagt Frau Kasseroll, »das wird ja wunderbar werden. Ich hab mal eins gesehen, das hatte sogar einen Schornstein. Und weißt du, was aus dem Schornstein herauskam? Rauch. Aber das war natürlich kein richtiger Rauch, das war so ein bisschen zerzauste weiße Watte.«
»Oh ja«, sagt Schnüpperle, »das muss ich Vater noch sagen. Zerzauste Watte war in seiner Tektur nicht drin, aber das kann er ja vielleicht noch machen. Und ein Zaun kommt auch drum herum und der wird auch beklebt mit Zuckersachen und die Wände auch und – und kennen Sie vielleicht auch das Lied, Frau Kasseroll? Das Lied von dem Knusperhäuschen?«
»Das Lied vom Knusperhäuschen?« Frau Kasseroll überlegt.
»Soll ich's mal vorsingen?
Knusper, knusper, knäus-chen,
wer knuspert an meinem Häus-chen?
Der Wihind, der Wihind, das himmlische Kihind.«
»Ja«, ruft Frau Kasseroll, »das kenn ich auch. Jetzt hast du's mir wieder in Erinnerung gebracht.«
»Wissen Sie auch, Frau Kasseroll, dass es eine Kanone ist?«

Frau Kasseroll fängt an zu lachen.
»Ich hab auch gelacht, Frau Kasseroll, und Anne-rose ist richtig böse geworden. Und dann haben Annerose und Mutter alles durcheinander gesungen und das find ich überhaupt nicht schön. Aber Annerose hat gesagt, eine Kanone, das ist was ganz Besonderes.«

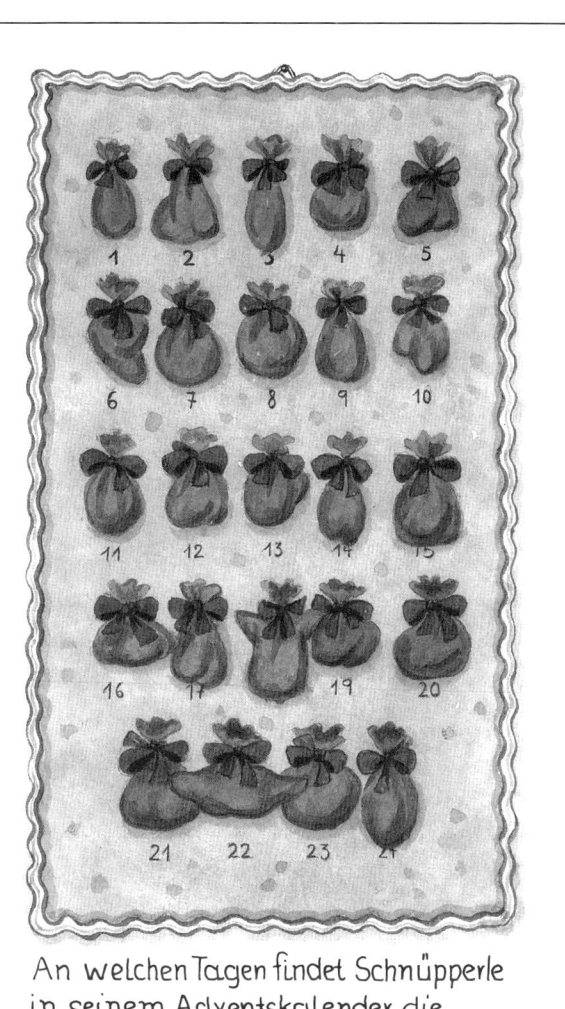

An welchen Tagen findet Schnüpperle in seinem Adventskalender die 3 unten abgebildeten Überraschungen?

BARBARAZWEIG
1.
2.
3.
Nicht vergessen:
Am 4. Dezember Barbarazweige schneiden!

Dezember

Barbarazweige

»Heute müssen wir Kirschzweige schneiden«, sagt Mutter, »für jeden von uns einen.«

»Und dann?«, fragt Schnüpperle.

»Dann bindet jeder ein buntes Bändchen an seinen Zweig, damit er ihn wieder erkennt, und dann stellen wir sie alle zusammen in eine Vase.«

»Und dann?«, fragt Schnüpperle.

»Dann werden sie zu Weihnachten blühen. Und wer die meisten Blüten an seinem Zweig hat, der wird im nächsten Jahr das meiste Glück haben.«

»Bestimmt ich!«, sagt Schnüpperle. »Bestimmt!« Schnüpperle denkt eine Weile nach, dann klettert er auf Mutters Schoß. »Und du«, sagt er, »du und ich, wir beide, nicht?«

»Wenn ich viel Glück habe«, sagt Mutter, »dann gebe ich Annerose und Vater etwas davon ab.«

»Ich auch«, sagt Schnüpperle. »Kann ich Susanne auch einen Zweig bringen? Susanne soll auch viel Glück haben. Sie borgt mir auch immer ihren Lutscher, wenn ich keinen habe. Und wenn sie *viel* Glück hat, schenkt sie mir vielleicht einen Lutscher für mich allein. Warum müssen wir eigentlich heute Zweige schneiden? Wir hätten's doch schon gestern machen können, damit wir das Glück nicht verpassen.«

»Kirschzweige werden immer am Barbaratag geschnitten«, sagt Mutter, »und der ist heute.«

»Ach ja. Heißt es Barbaratag, weil man Zweige schneidet?«

»Nein, weil man an die heilige Barbara denken soll«, sagt Mutter.

»Bin ich auch heilig?«

»Aber nein, Schnüpperle.«

»Aber mein Knie ist heilig.« Schnüpperle zieht das Hosenbein hoch. »Ist doch wieder heilig geworden, als ich so doll hingefallen bin.«

»Dein Knie ist geheilt, Schnüpperle, aber die Barbara ist heilig, das ist anders.«

»Wie denn?«

»Sie hat ganz fest an den lieben Gott geglaubt und an den Herrn Jesus. Barbaras Vater wollte nicht, dass sie an den lieben Gott glaubt und an den Herrn Jesus«, sagt Mutter, »und deshalb hat er sie in einen tiefen Turm werfen lassen.«

»Türme sind doch hoch!«, sagt Schnüpperle.

»Der war hoch und tief und finster und kalt.«

»Und schimmlig auch und große Spinnweben?« Mutter nickt.

»Und da hat er sie reingesteckt?« Mutter nickt.

»Hat er ihr auch nichts zu essen gegeben?« Mutter schüttelt den Kopf.

»Wie lange war die Barbara denn im Turm?«

»Sehr lange. Aber weil sie immer weiter zum lieben Gott gebetet hat, ist eines Tages ein Engel gekommen und hat sie herausgelassen.«

»Und mit in den Himmel genommen?«, fragt Schnüpperle. Mutter nickt.

»Schön«, sagt Schnüpperle. »Und der böse Vater, hat der geweint?«

»Nein. Der liebe Gott hat einen Blitz geschickt und der Blitz hat den Vater erschlagen.«

»Gehn wir jetzt Kirschzweige schneiden, Mutter?«

»Jetzt noch nicht, erst am Nachmittag, wenn es dämmert und Annerose da ist.«

Schnüpperle kneift die Augen zu. »Bei mir ist es schon ganz duster, dus-ter, duuus-ter und knistern hör ich's auch, oooch!« Schnüpperle legt sich die Hände vors Gesicht. »Mutter, ich denk jetzt an die heilige Barbara und an den schimmligen Turm mit den großen Spinnweben. Ich grusel mich nämlich so gern, wenn du bei mir bist.«

Basteln für Weihnachten

Annerose hat sich für heute Nachmittag mit Katrin verabredet. Katrin ist Anneroses beste Freundin. Sie wollen basteln.

»Zu zweit macht es viel mehr Spaß!«, sagt Annerose.

»Und ich?«, fragt Schnüpperle.

»Du kannst doch noch nicht basteln.«

»Kann ich doch!«, sagt Schnüpperle.

»Hach!«, sagt Annerose. »Was kannst du denn?«

»Ich kann aus Knöte schon so viel. Kullerkugeln und Puppenbrötchen und Puppenbrot und so.«

»Erstens heißt es Knete und zweitens ist das alles nichts für Weihnachten.«

»Bastelt ihr nur für Weihnachten?«

»Nur.«

»Ooch, da möcht ich so gern mitbasteln.«

»Wir werden ja sehen«, sagt Annerose.

Um drei kommt Katrin. Mutter zieht ihnen die Tischplatte im Kinderzimmer aus, damit sie genug Platz haben. Dann kann's losgehen.

Katrin hat ein Blatt von ihrem Bastelkalender mitgebracht und Glanzpapier und Metallpapier in herrlichen Farben.

»Sieh mal hier, Annerose«, sagt sie, »den süßen kleinen Engel möcht ich so gern basteln. Man kann ihn auf den Kaffeetisch stellen als Tischschmuck.«

»Zeig mal her«, sagt Annerose. »Ach, der ist ja süß! O ja, als Tischschmuck hinter jede Tasse und für jeden in einer anderen Farbe. Und wie wird's gemacht?«

»Wir müssen ihn hier von dem Blatt abzeichnen«, sagt Katrin. »Ich hab bloß kein Seidenpapier mitgebracht.«

»Schnüpperle!«, ruft Annerose. »Geh doch mal zu Mutter und lass dir von ihr zwei Bogen Seidenpapier geben.«

Schnüpperle geht los und kommt mit Seidenpapier wieder. Katrin legt das Seidenpapier auf die Vorlage und fängt an die Linien nachzuziehen.

»Oh, jetzt ist es mir verrutscht«, sagt Katrin, »aber ich hab ja noch genug Platz. Ich fang noch mal an. Wenn man's mit Stecknadeln zusammenstecken könnte, würde es nicht so leicht verrutschen.«

»Schnüpperle!«, sagt Annerose. »Hol mal aus Mutters Nähkasten die Stecknadeldose.«

Schnüpperle rennt die Treppe hinunter und kommt mit den Stecknadeln wieder.

»Danke!«, sagt Katrin und steckt die beiden Blätter zusammen. Jetzt kann sie ganz sauber die Linien nachziehen. Dann ist Annerose dran.

»Aaach! Jetzt ist mir die Spitze vom Bleistift abgebrochen. Schnüpperle, gib mir mal den Spitzer!«

Schnüpperle sucht den Spitzer.

Endlich hat Annerose den Engel auch abgezeichnet. Nun stecken sie das Seidenpapier mit dem glänzenden Metallpapier zusammen und ziehen alle Linien mit dem Stift noch einmal nach. So steht es auf dem Bastelblatt und ordentlich aufdrücken müssen sie auch, sonst sind die Linien auf dem Metallpapier nicht zu erkennen.

»Sieht überhaupt nicht nach Engel aus«, sagt Schnüpperle.

»Davon verstehst du nichts«, sagt Annerose.

»Du musst abwarten«, sagt Katrin.

»Ich möchte aber auch was basteln!«

»Nachher vielleicht«, vertröstet ihn Annerose.

»Jetzt hab ich keine Zeit. Jetzt müssen wir nämlich ausschneiden. Du kannst mir mal aus Mutters Nähkasten die kleine Schere holen!«

Schnüpperle läuft wieder die Treppe hinunter und kommt mit der Schere zurück.

»Schnüpperle, leg mal das Blatt aus dem Bastelkalender beiseite!«

»Kann ich euch beim Ausschneiden zusehen?«, fragt Schnüpperle.

»Aber nicht anstoßen!«

Schnüpperle sitzt da wie ein hölzernes Männlein und wagt kaum Luft zu holen. Es dauert sehr lange, denn die feinen eingedrückten Linien sind nicht gut zu erkennen.

»Fertig!«, ruft Katrin.

»Ich auch gleich«, sagt Annerose.

»Schnüpperle, wo ist das Bastelblatt?«

Schnüpperle gibt Katrin das Bastelblatt. Jetzt liest Katrin vor:

»›Zuletzt werden die beiden kurzen Einschnitte ausgeführt, links innen am Rock und rechts außen am Rock. Danach steckt man die Einschnitte ineinander und der Engel ist fertig. Viel Spaß dabei!‹ – Also erst die Einschnitte«, sagt Katrin. »Das ist der erste und jetzt kommt der zweite und nun ineinander stecken.«

Der Engel ist fertig!

»Ooch, ist der aber niedlich!«, sagt Schnüpperle.

»Der hat ja goldene Flügel zu seinem roten Kleid-

chen. Ooch, das passt aber gut zusammen. Und wie er seine Arme hebt! Mach schnell, Annerose, ich will unseren gleich Mutter zeigen.«

Anneroses Engel hat rote Flügel zu einem goldenen Kleid. Schnüpperle setzt ihn sich auf den

Annerose und Katrin
basteln Weihnachtsengel

Finger und geht sachte die Treppe hinunter. Mutter kommt mit herauf und bringt zur Belohnung einen Teller voll Pfefferkuchen und Plätzchen mit.

»Und was kann ich basteln?«, fragt Schnüpperle. Mutter nimmt einen Bogen Glanzpapier und zerschneidet ihn in lauter schmale Streifen. »Du klebst eine schöne lange Kette. Gib mir mal die Klebetube!«

Schnüpperle holt die Klebetube.

»Pass auf! Jeder Streifen bekommt am Ende einen Tupfen Klebe und dann drückst du das andere Ende drauf.«

»Jetzt ist es ja ein Ring«, sagt Schnüpperle.

»Ja, und nun legst du den nächsten Streifen in den Ring, wieder einen Tupfen Klebe aufs Ende und das andere Ende draufdrücken und immer so weiter.«

»Wird das auch Tischschmuck hinter jede Tasse?«

»Nein, die Kette hängen wir an den Weihnachtsbaum«, sagt Mutter.

»Oh ja, das wird fein!« Schnüpperle geht mit Eifer ans Tupfen und Draufdrücken. »Annerose, Katrin, seht mal, jetzt hab ich schon so viele Ringe! Für Vater, für Mutter, für Oma, für Annerose, für mich.« Auf diese Weise zählt Schnüpperle. »Schon sooo lang!« Er geht die Treppe hinunter und kommt wieder, setzt sich und bastelt weiter.

»Wo ist denn bloß meine Klebetube?«

»Weiß ich nicht«, sagt Annerose.

»Vielleicht hast du sie unten bei deiner Mutter liegen lassen«, sagt Katrin.

Schnüpperle will aufstehen – und lässt sich gleich wieder auf den Stuhl zurückfallen.

»Annerose!«, sagt er erschrocken, »Mutter muss kommen! Ich – ich weiß jetzt, wo die Klebetube ist. Ich sitze nämlich drauf.«

Schnüpperle klebt eine soooo lange Kette...

Ein Geschenk für Mutter

Als Annerose heute aus der Schule heimkommt und Schnüpperle am Fenster stehen sieht, macht sie ihm schon von weitem geheimnisvolle Zeichen. Erst zeigt sie mit dem Finger auf sich, dann auf Schnüpperle. Dann legt sie den Finger auf den Mund und dann stößt sie ihn in die Luft.

»Mutter«, ruft Schnüpperle aufgeregt, »ich glaube, Annerose hat was Schlimmes. Aber ich darf's nicht sagen, weil sie immer so macht.« Schnüpperle legt auch den Zeigefinger auf den Mund.

»Dann sag's mir bloß nicht«, antwortet Mutter. Schnüpperle rennt zur Tür. »Was ist denn?«, flüstert er, als Annerose die Treppe heraufkommt.

»Hast du in der Schule Ausschimpfe gekriegt?«

»Ach, woher!«, sagt Annerose. »Was ganz anderes. Komm mit rauf zu uns. – Ich komm gleich, Mutter«, ruft sie im Flur. »Aber nicht horchen!« Annerose und Schnüpperle verschwinden im Kinderzimmer.

»Ich weiß jetzt, was wir Vater und Mutter zu

Zwischen die Tannenzapfenschuppen
werden Schokoladenplätzchen mit
Liebesperlen gesteckt.

Weihnachten schenken«, flüstert Annerose.
»Was denn?«, fragt Schnüpperle.
»Tannenzapfen mit Schokoladenplätzchen.«
»Tannenzapfen mit Schokoladenplätzchen? So was hab ich noch nie gesehen, noch nie!«
»Ich auch nicht«, sagt Annerose, »aber Frau Buschmann hat es uns heute gezeigt. Wunderbar!«
»Wird's genäht?«, fragt Schnüpperle.
»Nein.«
»Gehäkelt?«
»Nein. Wie kommst du denn auf genäht oder gehäkelt?«
»Wenn Frau Buschmann was sagt, ist es immer genäht oder gehäkelt.«
»Gar nicht wahr. Es sind richtige Tannenzapfen und richtige Schokoladenplätzchen.«
»Zum Essen?«, fragt Schnüpperle.

»Die Schokoladenplätzchen sind zum Essen. Das ist ja gerade das Geschenk.«
»Und die Tannenzapfen?«, fragt Schnüpperle.
»Die nicht, da werden die Plätzchen bloß reingesteckt.«
»Geht ja gar nicht«, sagt Schnüpperle.
»Geht doch! Hier, einen Tannenzapfen hab ich schon von Frau Buschmann.«
»Und die Schokoladenplätzchen?«
»Müssen wir kaufen.«
»Wir beide?«
Annerose nickt.
»Oh ja! Und das Geld?«
»Nehmen wir aus unseren Sparbüchsen«, sagt Annerose. »Aber du darfst Mutter kein Wort verraten!«
»Bestimmt nicht.«
Als sie in die Küche kommen, sagt Schnüpperle:
»Ich sag nichts, Mutter, du kannst fragen, was du willst.«
Als sich Annerose und Schnüpperle die Mäntel anziehen, fragt Mutter:
»Wo wollt ihr denn hin?«
»Wir gehen Schokoladenplätzchen kaufen«, sagt Schnüpperle.
»Schnüpperle!«, schreit Annerose.
»Ich mein doch bloß die Schokoladenplätzchen für Oma. Was du kriegst, Mutter, das sag ich nicht, da kannst du fragen, was du willst!«

Der Christbaumkauf

Mutter telefoniert mit Vater: »Schnüpperle meint, wenn wir nicht bald einen Christbaum kaufen, würde er krank … Das braucht er nun nicht mehr, soll ich ihm sagen?… Gut. Wann bist du da, Erich?… Gegen zwei? Gut.«

Als Vater um zwei kommt, sind sie schon alle gemäntelt und gestiefelt. Schnüpperle singt:

> Lasst uns froho uhund munter sein,
> jetzt kaukaufen wir den Christbaum ein!
> Lustig, lustig, trallallallalla,
> bald ist uhunscher Christbaum da!

»Ist das nicht ein schönes Lied, Vater? Hat Annerose gedichtet.«

Sie fahren los. Schnüpperle singt das neue Christbaumlied, bis sie auf dem Markt sind.

»Frisch geschlagene Christbäume!«, ruft der Mann in der grünen Joppe. »Ganz frisch geschlagen! Gestern noch im Wald, heut auf dem Markt! Tannen und Fichten, von der kleinsten bis zur größten und sooo billig!« Er schlägt die Hände zusammen. Es klatscht aber nicht, weil er dicke Fausthandschuhe anhat.

»Guten Tag, die Herrschaften, na, wie groß soll er denn beschaffen sein?«

»Ungefähr zweieinhalb Meter«, sagt Vater.

»Und sehr schön voll gewachsen«, sagt Mutter.

»Wie die Herrschaften wünschen! Da müssen wir gleich ein Stück weitergehen. Die großen Bäume stehen nämlich dort hinten.«

»Den da möchte ich!«, sagt Schnüpperle. »Der ist schön groß!«

»Um Himmels willen!«, sagt Vater. »Der reicht ja vom Keller bis unters Dach.«

Der Mann in der Joppe lacht. »Von dem Baum hätten Sie eben im ganzen Haus etwas«, sagt er. »Aber wie wär's denn mit dem hier oder mit diesem? – Hier hätte ich noch eine gut gewachsene Tanne. Suchen Sie sich den besten Baum aus, einen Christbaum kauft man nicht alle Tage.«

»Den, Vater! Mutter, den!«, ruft Annerose und zeigt auf die Tanne. »Der ist so wunderschön und so dunkelgrün!«

»Der ist nur ein bisschen zu leer«, sagt Mutter.

»Wir haben auch noch vollere Tannen«, sagt der Mann in der Joppe und richtet einen anderen Baum auf.

»Schon besser«, findet Mutter, »aber die Spitze ist sehr kahl.«

Der Mann holt neue Bäume und zeigt sie.

»Der ist sehr schön, meint ihr nicht?«, fragt Mutter und beguckt eine große, volle Tanne von allen Seiten.

»Gut«, sagt Vater, »nehmen wir diesen. Mir gefällt er auch sehr. Und wie ist's mit euch?«

»Er ist wunderbar!«, sagt Annerose. »So dunkelgrün!«

»Wo ist denn Schnüpperle?«, ruft Mutter.

»Schnüpperle! Schnüpperle!«

»Hier bin ich!«

»Ja, warum in aller Welt kriechst du denn unter den Bäumen herum?«, fragt Vater.

»Ich wollte bloß mal gucken, ob vielleicht ein kleiner Hase drunter sitzt.«

»Aber Schnüpperle!«

»Na ja, es könnte doch einer dazwischengekommen sein.«

Der letzte Tag im Jahr. Schnüpperle und Annerose schauen sich den Sylvesterhimmel voller »Kareten« an.

Ob beide wohl das Gleiche sehen? Finommino!!! Wer entdeckt draußen die 5 Unterschiede?